ENTAIRE
4160

AF502615

MINISTÈRE
DE L'INSTRUCTION PUBLIQUE, DES CULTES ET DES BEAUX-ARTS.

DIRECTION DES BEAUX-ARTS.

MANUFACTURES NATIONALES.

RAPPORT

ADRESSÉ À MONSIEUR LE MINISTRE,

PAR M. DUC,

MEMBRE DE L'INSTITUT,

AU NOM DE LA COMMISSION DE PERFECTIONNEMENT

DE LA MANUFACTURE NATIONALE DE SÈVRES.

PARIS.

IMPRIMERIE NATIONALE.

1875.

MINISTÈRE

DE L'INSTRUCTION PUBLIQUE, DES CULTES ET DES BEAUX-ARTS.

DIRECTION DES BEAUX-ARTS.

MANUFACTURES NATIONALES.

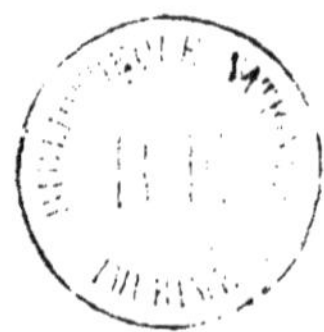

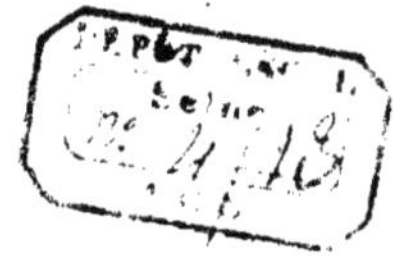

RAPPORT

ADRESSÉ A MONSIEUR LE MINISTRE,

PAR M. DUC,

MEMBRE DE L'INSTITUT,

AU NOM DE LA COMMISSION DE PERFECTIONNEMENT

DE LA MANUFACTURE NATIONALE DE SÈVRES.

14160

MINISTÈRE

DE L'INSTRUCTION PUBLIQUE, DES CULTES ET DES BEAUX-ARTS.

DIRECTION DES BEAUX-ARTS.

MANUFACTURES NATIONALES.

RAPPORT

ADRESSÉ À MONSIEUR LE MINISTRE,

PAR M. DUC,

MEMBRE DE L'INSTITUT,

AU NOM DE LA COMMISSION DE PERFECTIONNEMENT

DE LA MANUFACTURE NATIONALE DE SÈVRES.

Paris, le 20 avril 1875.

Monsieur le Ministre,

Par un arrêté du 26 juillet 1872, le Ministre de l'Instruction publique, des Cultes et des Beaux-Arts instituait une Commission de perfectionnement au point de vue artistique des travaux céramiques de la Manufacture de Sèvres.

Voici les termes de cet arrêté :

« Le Ministre de l'Instruction publique, des Cultes et des Beaux-Arts,

« Vu la proposition de l'administrateur de la Manufacture nationale « de Sèvres ;

« Sur le rapport du Directeur des Beaux-Arts ;

« Considérant qu'il est du plus grand intérêt de surveiller les travaux « artistiques de la Manufacture de Sèvres, et de leur imprimer une « marche progressive digne de son passé,

Arrête :

« ARTICLE PREMIER.

« Une Commission de cinq membres est instituée à l'effet d'examiner « et d'apprécier au point de vue de l'art les travaux céramiques qui s'exé- « cutent à la Manufacture de Sèvres.

« Cette Commission se réunira, à la fin de chaque trimestre, au siége « de la Manufacture et communiquera à l'administration de l'établisse- « ment le résultat de ses observations, lesquelles seront consignées dans « un procès-verbal.

« ART. 2.

« Sont nommés membres de la Commission :

« MM. Charles Blanc, Membre de l'Institut, Directeur des Beaux-Arts, « *président ;*

« Duc, Membre de l'nstitut, architecte ;

« Guillaume, Membre de l'Institut, statuaire, Directeur de l'École « des Beaux-Arts ;

« Mazerolles, artiste peintre ;

« Adrien Dubouché, ancien maire de Limoges.

« ART. 3.

« M. Husson Fleury, *dit* Champfleury, chef des collections du Musée « céramique, remplira les fonctions de secrétaire.

« Paris, le 26 juillet 1872.

« Signé Jules SIMON. »

A la séance d'ouverture, qui eut lieu à la Manufacture de Sèvres le 9 novembre 1872, le Ministre ouvrait la discussion en exposant le but que doit se proposer la Commission.

Tout en tenant compte de la bonne organisation des services divers de la Manufacture de Sèvres, le Ministre a voulu s'éclairer sur la nature des progrès que la nation attend d'un établissement qu'elle patronne; il a nommé la Commission actuelle pour l'aider dans les recherches nouvelles au point de vue de l'art et de la décoration.

Le Ministre insiste sur l'utilité de la Manufacture, dont certains esprits, épris de réformes, tendent à modifier la constitution.

« L'industriel ne peut faire d'essais coûteux qu'à la fin de sa carrière, alors qu'il est riche et en supposant que son goût n'ait pas été faussé. Tout commerçant s'attelle au mauvais goût public, le favorise et le répand. Il s'agit de diriger et d'élever le niveau de l'art. Tel est le rôle de la Manufacture, qui n'a pas à s'inquiéter de la mode du jour et doit répondre à une fondation glorieuse, sans se préoccuper des questions de vente immédiate. Le Ministre, en appelant la Commission à donner son avis sur la direction d'art, s'est préoccupé particulièrement de l'exposition que préparent les trois manufactures nationales et il émet le vœu que les résultats à obtenir témoignent de l'influence des hommes distingués qui ont accepté de faire partie de la Commission. »

Après plusieurs séances, dont il sera rendu compte plus loin et qui eurent leur cours jusqu'au 29, avec l'adjonction d'un nouveau membre, M. Lameire, peintre, le Ministre comprit l'importance des travaux qui incombaient à la Commission de perfectionnement, et, par arrêté du 19 juin 1874, il étendit le nombre des membres, fixé primitivement à cinq, à celui de treize, sous la présidence de M. le marquis de Chennevières, Directeur des Beaux-Arts.

Voici les termes de cet arrêté :

« ARTICLE PREMIER.

« Sont nommés membres de la Commission de perfectionnement de « la Manufacture nationale de Sèvres:

« MM. le marquis DE CHENNEVIÈRES, Directeur des Beaux-Art, *président;*

« DUC, architecte, Membre de l'Institut;

« GUILLAUME, statuaire, Membre de l'Institut;

« A. DUBOUCHÉ, directeur du Musée céramique de Limoges;

« MAZEROLLES, artiste peintre;

« LAMEIRE, artiste peintre;

« DU SOMMERARD, directeur du musée de Cluny;

« GALLAND, artiste peintre, professeur à l'École des Beaux-Arts;

« BARBET DE JOUY, conservateur au Musée du Louvre;

« JACQUEMART, auteur d'ouvrages sur la céramique;

« CARRIER-BELLEUSE, statuaire;

« DECK, manufacturier;

« CHAMPFLEURY, chef des collections à Sèvres;

« A. LOUVRIER DE LAJOLAIS, membre de l'Union des arts appliqués « à l'industrie.

« ART. 2.

« M. GERSPACH, chef de bureau des Manufactures nationales, remplira les fonctions de secrétaire.

« Signé DE CUMONT. »

INTRODUCTION.

La mission confiée à la Commission est des plus intéressantes, mais aussi très-complexe et difficile à remplir. Apprécier les œuvres d'art de la céramique, les soumettre à la critique, en diriger le goût et tracer la voie que doit suivre, à l'avenir, la Manufacture de Sèvres pour la maintenir dans ce rôle brillant qu'elle a toujours gardé et lui a valu la faveur européenne, voilà certainement une noble tâche, mais aussi bien délicate, à cause de la diversité des connaissances et des aptitudes nécessaires à en juger les questions.

Plusieurs peuples, à diverses époques de l'histoire, ont eu le privilége de produire des œuvres d'art dignes d'admiration. Favorisés par les climats, leurs dons innés ou leur civilisation, chez eux l'art s'épanouit naturellement, souvent avec peu d'éducation, et semble naître sans culture, comme une fleur appartenant au sol.

A côté de ces heureuses natures, celle de notre nation est encore une des plus favorisées. C'est donc un devoir des plus attrayants de développer et d'élever l'Art français, à quelque branche qu'il appartienne. C'est ce sentiment qui a soutenu la Commission pour accomplir la tâche qu'elle a acceptée.

Pour rendre un compte exact et complet des opérations de la Commission, il nous faut remonter aux séances de la première Commission, qui eurent lieu à Sèvres depuis le 9 novembre 1872 jusqu'au 29 avril 1873.

Au début, plusieurs membres émettent tour à tour leurs observations et leurs vœux personnels sur la direction à imprimer aux œuvres d'art. De leur ensemble, on peut déduire les conclusions suivantes:

La science de la céramique a moins de progrès à faire que l'art; mais, en attestant la perfection de ses procédés et la spécialité des produits de la Manufacture comparés à ceux de l'étranger, on ne doit pas s'arrêter dans des recherches toujours utiles au progrès.

Pour établir la discussion sur ses véritables principes, il faut que la Commission procède méthodiquement et qu'elle s'occupe de la philosophie du décor! S'il y a des principes pour la décoration d'un vase, il faut les proclamer d'abord. Il est facile au moins d'exclure les éléments disparates qui la troublent, par exemple, l'emploi de la perspective. On doit éviter cette tendance fâcheuse à emprunter, pour la décoration des vases, des sujets qui devraient être réservés à la peinture de genre. On se prononce aussi contre une transposition qui admettrait que des lois applicables à une surface plane le sont pareillement à des surfaces courbes. Le tableau, enfin, est un empiétement qui doit rester étranger à la décoration céramique, et est un contre-sens. Mais n'anticipons pas sur des questions qui ont un caractère didactique et dont les solutions prendront place dans le cours de ce rapport. Disons seulement que la Commission fut unanime pour reconnaître qu'il fallait fixer d'abord les principes nécessaires pour faire un juste examen, au point de vue de l'art, des produits de la Manufacture, et s'engager dans une voie de direction pour l'avenir.

C'est ainsi que, sur la proposition de M. l'Administrateur, qui engageait la Commission à visiter d'abord les ateliers, en faisant observer que les questions matérielles primaient celles de l'art, on a proposé l'inversion, en reconnaissant d'abord des principes généraux et en puisant des leçons dans les nombreux exemples fournis par le Musée céramique.

A ce sujet, on a fait plusieurs réflexions générales sur les habitudes et les tendances de l'art décoratif tel qu'il est aujourd'hui pratiqué à la Manufacture.

On a insisté sur la nécessité qu'il y aurait de faire comprendre aux artistes les qualités essentielles de l'art décoratif, à quelque époque ou à quelque style qu'il appartienne, et aussi sur l'utilité de faire pénétrer dans leur esprit ces points de vue variés.

En somme, il s'agit de bien connaître l'état actuel des travaux de la Manufacture et ses imperfections, pour y remédier soit par des conseils, soit par un enseignement.

En songeant à l'importance du rôle attribué à la Commission de perfectionnement, un des membres, aujourd'hui honoré des fonctions de rapporteur, crut devoir présenter quelques idées dans une note qui fut accueillie avec faveur par la Commission et dont il sera parlé plus tard. La lecture de cette note eut au moins l'heureux effet de provoquer chez plusieurs des membres des propositions intéressantes.

L'un d'eux insiste avec une nouvelle conviction sur une exposition de principes qui serve de règle aux artistes. Il met en relief la question de l'enseignement et de la pédagogie à pratiquer d'après les collections du Musée céramique. Alors, dit-il, M. l'Administrateur serait l'interprète des vœux de la Commission, qui pourrait ainsi exercer son influence. Sur l'observation de M. l'Administrateur que le Musée, essentiellement technologique et accidentellement artistique, a été fondé plutôt pour les savants et les industriels que pour les curieux d'art, on répond qu'un classement au point de vue purement artistique pourrait s'effectuer facilement, et qu'on y puiserait un enseignement très-profitable à l'art moderne; on y étudierait les types principaux des diverses époques, tous d'un si puissant intérêt pour l'enseignement de la décoration.

Par l'enchaînement des idées, on est arrivé à parler d'une école d'ornement architectural; on y enseignerait la division de l'espace et on y ferait connaître l'abondance des éléments décoratifs. On a mis ensuite en avant l'idée de concours qui, faisant appel aux artistes du dehors, feraient naître une émulation profitable à l'art décoratif.

Un des membres, ancien manufacturier, a parlé de la stérilité des efforts pour trouver des artistes décorateurs; il a demandé surtout une école à Sèvres, bien établie, avec professeur et élèves.

Ainsi qu'on le voit, lors des premières séances, la Commission, alors qu'elle n'était composée que de cinq membres, n'a pas opéré avec méthode, sur un plan ordonné. Ses idées éparses se traduisirent par des observations détachées et des propositions un peu confuses, malgré leur valeur. Elles témoignaient néanmoins d'une imparfaite satisfaction de l'état de choses à la Manufacture et de vives aspirations pour plusieurs réformes de direction, particulièrement dans celle de l'art.

Nous entrons maintenant dans une nouvelle phase des travaux de la Commission de perfectionnement. Ainsi que nous l'avons vu en tête de ce rapport, le Ministre élargissait, par un nouvel arrêté le cadre de la Commission. Le nombre de ses membres, fixé d'abord à cinq, s'étend à celui de treize. Toutes les personnes désignées ont des titres qui les recommandent à la confiance du Ministre, les unes leurs talents et des connaissances d'un ordre élevé, les autres de savantes études spéciales sur la matière ou une expérience pratique couronnée de succès.

Dès ce jour, la marche des travaux de la Commission est mieux déterminée; elle agit d'après un plan et avec suite vers un but bien fixe, en formulant ses critiques et en indiquant les voies et moyens pour les progrès de l'art. Ce plan se divise par chapitres qui peuvent se décomposer ainsi :

1° Compte rendu de l'examen des produits; approbations ou critiques générales.

2° But que doit se proposer la Manufacture.

3° La science et l'art.

4° Théorie sur la céramique; de la forme et du décor.

5° Éducation des artistes; enseignement de l'art décoratif.

6° Prix de Sèvres.

7° Organisation de la collection du Musée céramique de Sèvres.

8° Direction, questions générales.

9° Conclusion.

CHAPITRE PREMIER.

COMPTE RENDU DES EXPOSITIONS ET EXAMEN CRITIQUE.

Une des premières préoccupations du Ministre a été de soumettre à l'examen de la Commission les produits de la Manufacture de Sèvres. Le concours de leur exposition au Palais des Champs-Élysées avec celle des produits de l'art industriel devait offrir un ensemble aussi profitable aux chefs de l'industrie qu'à la Manufacture elle-même.

On n'a pas oublié les paroles remarquables du Ministre à la séance d'ouverture des travaux de la Commission. C'est pénétrée de leur esprit que la nouvelle Commission s'est d'abord rendue à Sèvres pour examiner les produits qui devaient figurer à l'Exposition.

La Commission put constater, au double point de vue de l'art et de la fabrication, les beaux résultats de cette intéressante collection de travaux si divers.

C'est toujours la même et constante supériorité d'exécution. En examinant tous ces produits variés de forme et d'ornementation, on reconnaît dans leurs auteurs des artistes dignes de soutenir l'antique réputation de la Manufacture de Sèvres.

Mais plusieurs de ces œuvres sont loin d'être à l'abri de toute critique. Il y règne généralement une incertitude dans le système de l'ornementation.

Le sentiment du décor est souvent faible; mais ce qui est surtout sensible, c'est l'absence des principes de l'art décoratif et de preuves d'une éducation préparée.

De l'examen de ces œuvres, on pourrait croire que les artistes appelés à les créer souffrent d'un manque de direction ou d'un savoir acquis par l'étude. Ils tombent alors dans des compositions confuses, languissantes et non coordonnées. Il semble que, fatigués d'incertitude, et par un sentiment de révolte, ils se jettent ensuite dans des inventions bizarres, dans l'espoir d'y trouver l'originalité.

Nous aurons à revenir plus loin sur ces critiques, qui portent bien moins, empressons-nous de le dire, sur l'individualité des artistes que sur leur manque de cohésion et leur absence de foi esthétique.

A la suite de cet examen, on a fait un choix parmi les petites pièces de fabrication courante proposées pour la vente.

Le 10 novembre suivant, sur l'invitation du Ministre, la Commission procéda à l'examen des produits de la Manufacture exposés au Palais des Champs-Élysées.

La Commission a été frappée de l'aspect brillant de l'ensemble de cette exposition et de sa supériorité sur celle qui était en permanence à Sèvres. Elle a pu constater, malgré l'éclectisme de sa direction esthétique, des efforts manifestes pour créer des œuvres intéressantes. On y reconnaît la liberté et la variété des styles, de nombreuses tentatives pour sortir des banalités consacrées pour l'ornementation, mais par-dessus tout, une habileté d'exécution qui semble ne pouvoir être dépassée.

C'est dans cette disposition bienveillante que la Commission, en réservant toutefois ses droits à la critique, s'est livrée au classement des objets soumis à son examen.

Afin de donner à son jugement une utilité applicable à la direction de la Manufacture, elle a divisé ce classement en trois catégories, qui sont les suivantes :

Produits à encourager;

Produits réservés sous observations;

Produits à éliminer[1].

---

[1] Annexe A.

L'ensemble de cette exposition témoigne certainement de nombreux efforts pour maintenir la Manufacture au haut rang qu'elle a constamment gardé; toutefois, comme elle l'a fait précédemment à Sèvres, la Commission ne peut passer sous silence plusieurs observations critiques.

Tout en tenant compte d'une variété d'ornementation qui pourrait être interprétée comme une preuve de fécondité ou d'indépendance, ce fait semblerait naître d'une cause différente et accuser une indécision de style décoratif; on croirait que, dans leurs compositions, la conviction ait fait défaut aux artistes, et que chacun d'eux cherche sa voie à l'aventure; de là cet éparpillement de compositions sans communauté de pensées esthétiques. C'est un assemblage de créations engendrées par des individualités, certainement très-méritantes, mais qui ne forment pas entre elles ce faisceau nécessaire pour imprimer et conserver à la Manufacture ce grand style national qui a caractérisé ses produits à ses belles époques.

Ces observations pourraient paraître sévères, si à côté la Commission ne s'empressait pas de reconnaître de grands efforts de talent parmi les artistes qui ont concouru aux ouvrages de cette exposition; l'exécution surtout est admirable, peut-être même trop précieuse; et si des critiques peuvent signaler quelques résultats incomplets, nous ne pouvons accuser les artistes de faiblesse ou d'incapacité. Mais il est évident que l'éducation leur manque; ils ne sont pas suffisamment instruits; ils paraissent ignorer la valeur des ressources qui, au Musée céramique comme ailleurs, se pressent autour d'eux pour leur offrir des inspirations et leur demander une vie nouvelle par la transformation. C'est enfin l'outillage, ce sont les principes de l'esthétique qui leur manquent.

Afin de n'avoir plus à revenir sur la critique, qui est un des devoirs imposés à la Commission, nous pensons qu'il convient de donner place ici aux observations qui se produisirent lors de sa dernière séance à la Direction des Beaux-Arts, le 16 février 1874. Cette réunion de la Commission avait spécialement pour objet d'examiner les modèles présentés par la Manufacture, afin de recueillir ses critiques ou ses approbations. Il nous a semblé que ce dernier travail était la suite naturelle des examens faits à Sèvres et au Palais des Champs-Élysées.

La Commission a examiné avec soin les divers objets exposés sous ses yeux [1]. Ils se composaient de quelques dessins faits à la hâte, de pièces en maquette peinte, d'une certaine importance, et d'un nombre considérable de petites pièces préparées pour la fabrication courante. Nous croyons devoir résumer cet examen par quelques réflexions générales.

Cette dernière exposition des objets soumis avant leur exécution à l'examen de la Commission a fourni, à son grand regret, plusieurs preuves de la faiblesse artistique de leur ensemble. Elle a fait naître aussi des observations intéressantes qui se rattachent d'une manière générale à la mission qui lui est confiée.

A l'époque de la Restauration, — nous citons cette époque parce qu'elle caractérise une ère florissante de la Manufacture, — le goût général de la décoration céramique n'était certainement pas irréprochable. C'est à ce moment que se déploya le système de décoration facile qu'on appelle aujourd'hui *le genre médaillon.* L'intention décorative était alors de mettre en évidence le talent de peinture, qu'il s'agît d'une scène, d'un portrait ou d'un paysage. Les encadrements, généralement d'une décoration insignifiante, n'étaient que l'accessoire et ne présentaient que peu d'intérêt. Ce genre de décoration n'est certainement pas digne d'assigner aux produits de cette époque une place bien considérable dans l'histoire de l'art; néanmoins toutes ces compositions, grandes ou petites, sans doute parce qu'elles empruntaient leurs principes à l'architecture, avaient une haute tenue et un grand air de richesse distinguée, qu'elles prissent place soit sur de grands vases, soit sur des coupes, voire même sur des assiettes. Longtemps elles ont acquis à la Manufacture une véritable célébrité, et des œuvres, encore aujourd'hui recherchées, répondaient, par une certaine noblesse, au goût de la haute société et des étrangers de distinction. Les cadeaux diplomatiques et adressés à des souverains tenaient particulièrement une grande place parmi les sujets de ces travaux remarquables et répondaient bien à leur haute distinction.

Aujourd'hui, par suite des évolutions successives que subit nécessaire-

---

[1] Annexes B, C et D.

ment le goût de l'art et dont il serait intéressant d'étudier les causes, ce style décoratif paraît à peu près abandonné, ou les quelques traces qui en restent sont comme les derniers efforts d'une direction artistique qui a fait son temps. L'art décoratif, dégagé de ces liens qui le maintenaient dans une forme continue, s'est épanoui avec liberté dans diverses voies qui laissent à chaque artiste plus d'initiative, mais sans accentuer le goût déterminé qui caractérise une époque d'art.

A la place des grandes divisions du décor et de ces médaillons qui ordonnaient régulièrement la décoration des vases, l'artiste, franchissant ces limites qui réglaient la composition, s'échappe à l'aventure sur le champ qui lui est offert en toute liberté. Alors la décoration n'a plus de principes; elle ne connaît plus la division de l'espace, le rapport des champs et des parties décorées, l'échelle variée des ornements principaux et accessoires, le jeu des oppositions de formes, de lignes et de couleurs qui s'attirent l'une par l'autre. En un mot, l'artiste paraît ignorer qu'il existe une architecture décorative pour un vase comme pour un monument.

Dès lors, les artistes, sans instruction préparée, sans frein, sans conditions, sans conviction, s'abandonnent à des compositions qui témoignent de leur peu de connaissance des ressources infinies de l'art décoratif, aussi bien que de leur embarras pour créer une nouvelle ornementation. Il semble que, fatigués de leur liberté, ils tombent dans une langueur qui engendre l'incertitude et l'absence de parti pris; pour citer un exemple, ils jettent au hasard quelques feuillages sur la panse d'un vase, y font intervenir une figure comme un événement, sans avoir égard à ses lignes de construction, et alors l'ensemble de la décoration, ainsi conçue sans la moindre frise pour la régler, laisse le spectateur dans l'attente et comme déconcerté.

Pour revenir à l'examen des travaux présentés à la dernière séance, la Commission a remarqué avec plaisir diverses tentatives pour créer un style d'ornementation affranchi de toute imitation. Ces louables efforts se font particulièrement sentir sur les pièces de grande dimension; mais en même temps elle a remarqué que la Manufacture sacrifie bien largement à un goût de décoration rétrospective. Nous reviendrons plus tard sur cette question du style qui est d'un si haut intérêt. Disons pour le moment que, quant à la généralité des autres pièces, à la vérité d'une moindre dimension pour mieux s'adapter aux besoins de la société, le style qui domine est celui de l'époque de Louis XVI.

Est-ce par insuffisance d'invention ou par obéissance au goût du jour?

Peut-être ces deux causes y ont une égale part.

Nous ne pouvons oublier cependant que plusieurs maquettes ou dessins ont été présentés pour des vases destinés à être offerts à des artistes en reconnaissance de leur collaboration dans des commissions. Était-ce bien le cas de choisir ce style pour des souvenirs que ces artistes devaient tenir à honneur de conserver dans leurs familles comme spécimen de l'art contemporain?

Pour les autres objets, tels que petits vases de garnitures de cheminées et tant d'autres destinés à la vente courante, on doit certainement avoir égard au goût du public; mais faut-il absolument le suivre ou au contraire le diriger? La Manufacture doit-elle enfin se soumettre à cette loi du commerce : c'est-à-dire ne répondre qu'à la demande? La Commission ne le pense pas. Pour cette partie de sa fabrication, la Manufacture semble renoncer à son devoir d'indépendance; elle oublie qu'à l'époque de Louis XVI, et même à celle de la Restauration, elle produisait de simples services à café dont les tasses isolées se payent aujourd'hui au poids de l'or, parce qu'elles en portent le cachet original. Les pièces aujourd'hui présentées ont certainement dans leur imitation un caractère d'élégance et de distinction, mais il y règne une indécision et une fadeur d'ornementation qui ne captive que les yeux.

Si nous nous arrêtons, par exemple, à la décoration des assiettes, les observations qui précèdent prennent une valeur absolue. Les seules décorations qui aient trouvé grâce devant la Commission n'étaient que la reproduction d'anciens dessins de Sèvres, et ce fait paraissait si naturel qu'au moment où un modèle de décor allait être écarté par le vote, un défenseur s'est écrié avec la conviction qu'il apportait un brevet d'approbation : Mais, c'est copié textuellement sur un ancien dessin de Sèvres! Dans ce cas regrettable, le tort aurait pu être partagé entre la

Manufacture et la Commission : la première, qui n'apportait que des dessins imités; la seconde, qui les accueillait avec trop d'indulgence. Nous ne pouvons terminer la partie critique, malheureusement, bien entendu, de ce rapport sans dire spécialement un mot de la sculpture.

Dans sa séance du 19 mars, la Commission a reconnu que la sculpture est dans un état d'insuffisance notoire. Elle est presque nulle et semble abandonnée. Comme preuves de cet art, qui peut jouer un grand rôle dans la céramique, nous ne pouvons citer que quelques anses, des têtes d'ajustement ou autres appendices indispensables. Deux modèles pour biscuit, les deux seules compositions présentées à la Commission, étaient tellement faibles, qu'elle s'est trouvée embarrassée de les critiquer.

Il y a aujourd'hui absence complète de ces compositions où la sculpture et la coloration offraient par leur mariage de charmantes combinaisons décoratives.

Les seules qui existent sont celles qui datent d'une vingtaine d'années et qu'on doit au talent de Klaymann, sous la direction de M. Diéterle. Aujourd'hui elles sont reléguées dans les antichambres comme les témoins d'un art abandonné. Il semble qu'on ait renoncé à lutter avec les produits si variés des Minton et autres manufacturiers qui ont conquis et continuent de leur assurer chez eux et sur le continent une situation prépondérante dans l'art de la céramique. Assurément les éléments artistiques ne nous manquent pas pour engager cette lutte. Nous possédons en grand nombre des sculpteurs de talent.

Les Anglais le savent bien, et c'est chez nous qu'ils se recrutent d'artistes distingués qui leur fournissent les armes auxquelles ils doivent leur supériorité. Un de nos collègues de la Commission pourrait en fournir la preuve. Mais aussi ils ont la volonté et marchent droit à leur but.

Il est donc grand temps de venir au secours de la sculpture; il y a beaucoup à faire pour la relever et la mettre en état de prêter un digne concours à la céramique.

A la suite de ce dernier examen, qui a entraîné plusieurs réflexions sévères, la Commission, ainsi qu'elle l'a fait précédemment, s'empresse de reconnaître toutes les précieuses aptitudes des artistes. C'est toujours la même grâce, le même sentiment d'élégance et une incomparable finesse d'exécution. Toutes ces belles qualités ne demandent qu'à être mises à leur place pour briller d'un nouvel éclat.

CHAPITRE II.

BUT QU'ON DOIT SE PROPOSER.

Le but que doit se proposer la Manufacture de Sèvres est de produire les œuvres diverses les plus propres à élever le niveau de l'art céramique et à lui maintenir cette haute réputation qui lui a toujours mérité l'admiration européenne. Patronnée par l'État, elle doit s'élever au-dessus de l'industrie particulière et répondre à cette protection nationale par des créations d'un style élevé où la noblesse et l'élégance représentent les qualités brillantes du tempérament français; puis, par des œuvres d'un ordre secondaire, elle doit produire des travaux d'un goût délicat qui soient recherchés par la haute société et expriment le progrès d'un goût cultivé, sans renoncer à l'indépendance et à l'originalité. Elle a en même temps mission d'être à la tête du mouvement artistique, d'exercer par sa supériorité une influence sur la fabrication privée et de produire un rayonnement favorable à l'industrie française. La Manufacture doit être enfin un conservatoire où le goût du public puisse s'alimenter et trouver les plus beaux types de l'art céramique.

Il nous a paru intéressant de compléter cette espèce de programme par une indication des travaux qui seraient en accord avec la direction de la Manufacture :

Vases de faste, destinés à des souverains, des ambassadeurs et de grands personnages;

Vases destinés à l'ornementation des musées, des palais et établissements publics;

Vases destinés à des loteries et œuvres de bienfaisance;

Vases destinés à des artistes, hommes de lettres et industriels, en reconnaissance de services rendus;

Vases de jardins pour perrons et parterres;

Vases destinés à l'ornementation des riches habitations privées;

Vases décoratifs où les souvenirs de l'art oriental peuvent prendre une grande part;

Petits vases d'appartements pour garnitures de cheminées et de meubles;

Vases bijou;

Pièces fines et capricieuses ne relevant que du goût et de la fantaisie;

Services à thé et à café;

Vases trépieds et pièces de surtout de table;

Jardinières; — Potiches; — Cache-pots;

Soupières; — Salières; — Assiettes;

Coupes; — Buires; — Vidrecomes;

Cornets; — Bouteilles;

Bassins; — Jattes; — Viviers;

Grands plats décoratifs pour dressoirs;

Fontaines, lavabos pour vestibules et salles à manger;

Grandes pièces d'ornementation pour dessus de cheminées; médaillons, cartels sculptés et coloriés pour l'ornementation de l'architecture à l'intérieur et à l'extérieur;

Bustes avec entourages ornés, consoles, crédences et supports;

Carreaux et frises d'ornementation pour salles à manger et salles de bains;

Plaques décoratives formant tableau pour orner les intérieurs;

Décorations rustiques pour grottes et salles fraîches dans des châteaux, etc. etc.

On voit combien cette nomenclature abrégée peut fournir de sujets variés aux produits de l'art céramique. On remarquera aussi que beaucoup d'entre eux ne peuvent être abordés qu'avec les puissantes ressources de la Manufacture. C'est à elle de s'en emparer pour donner à ses travaux une impulsion aussi honorable sous le rapport de l'art que profitable à l'avenir de notre industrie.

Nous n'avons pas la prétention de traiter du style à adopter pour chacun de ces sujets; mais, en prenant la généralité de ce programme, nous croyons devoir émettre les avis suivants :

Que les grandes pièces de faste soient d'un style imposant, riche et d'un effet entier; que leur décoration soit composée en vue de l'ensemble et bien soumise aux lois esthétiques; qu'elle ne soit pas l'expression d'un style exotique, mais caractérisant au contraire notre art national.

Pour les vases d'un ordre inférieur :

Que leurs formes soient bien étudiées au point de vue du profil; qu'on soit bien pénétré que cette science du profil est loin d'être épuisée et qu'elle peut engendrer les plus grandes variétés; que, sur ce point, des études soient dirigées spécialement sur la céramique antique et orientale, dans lesquelles on trouvera des leçons inépuisables;

Que l'ornementation et le décor, sans être soumis à des lois rigides, obéissent toujours à des principes d'esthétique, soit que les divisions en mesurent l'espace, soit que le genre de composition permette une absolue liberté.

Pour les petites pièces enfin :

Que les formes en soient bien étudiées pour satisfaire à leur usage et qu'elles répondent en même temps à ce sentiment de grâce toujours recherché par la bonne société.

Quant aux grandes pièces décoratives, il y a là un large champ ouvert aux compositions les plus diverses : c'est un ordre de créations où les artistes peuvent donner carrière à toute leur imagination. C'est ici que doivent briller toutes les qualités des décorateurs; tout leur est permis, la liberté, l'originalité, même l'audace, et s'ils sont nourris des souvenirs des belles époques de l'art, si, pénétrés de leur beauté, ils ont assez de force pour en dégager leur propre originalité, ils peuvent créer une quantité de pièces décoratives des plus intéressantes. C'est à ce moment qu'ils doivent appeler largement le concours de la sculpture, et nul doute qu'en y adjoignant les ressources de la couleur, ils pourraient créer une série d'œuvres nouvelles qui prendraient dignement leur place à côté de celles de la renaissance italienne et française.

Un dernier mot au sujet du but que doit se proposer la Manufacture.

Il semble qu'à Sèvres la question industrielle prend une trop grande importance aux dépens de celle de l'art. Le rôle de la Manufacture n'est pas d'établir avec l'industrie privée une concurrence dans laquelle celle-ci succomberait infailliblement. Loin de lui nuire, elle doit au contraire la protéger en lui faisant connaître ses découvertes et ses procédés; c'est ici le cas de répéter les paroles du Ministre:

« Son but est de diriger le goût et d'élever le niveau de l'art, sans se « préoccuper des questions de vente immédiate. Tel est le rôle de la « Manufacture, qui n'a pas à s'inquiéter de la mode du jour et doit ré- « pondre à une fondation glorieuse. »

CHAPITRE III.

LA SCIENCE ET L'ART.

Deux éléments distincts concourent au progrès de la céramique: l'art et la science. Cette dernière, qui lui est étroitement liée comme une sœur, a rendu et rend tous les jours à la fabrication d'éminents services. Il est inutile de rappeler les beaux travaux des illustres savants Brongniart et Regnault; la Manufacture leur doit de précieuses découvertes.

L'association de ces deux éléments est donc indispensable à la prospérité de la Manufacture. Nous empruntons à ce sujet quelques paroles de l'excellent rapport présenté en 1848 par Mérimée:

« La supériorité des artistes attachés à la Manufacture ci-devant royale « était due principalement à ce que, élevés pour ainsi dire dans cet éta- « blissement, formés par une lente succession de travaux gradués et en « contact continuel avec les chimistes chargés des manipulations, ils « acquéraient la connaissance pratique et complète des ressources et des « difficultés de l'art auquel ils s'étaient voués. Il faut que les relations « soient continuelles et intimes entre les peintres et les chimistes. Les « premiers doivent préciser leurs besoins, les seconds diriger leurs re- « cherches pour y satisfaire. A Sèvres bien des expériences n'ont réussi « que parce qu'elles sont faites en commun. Il faut une alliance étroite « entre l'art et la science, et on a vu ses heureux résultats; mais, il est « impossible de ne pas le reconnaître, c'est à la peinture et uniquement

« à la peinture que la Manufacture de Sèvres a dû sa célébrité, et on « doit accorder la plus large protection aux artistes qui s'y dévouent. »

Ces paroles, si justes à cette époque, ont encore aujourd'hui toute leur valeur. La science et l'art ont marché ensemble, mais il semble que ce dernier élément soit devancé par le premier. Les discussions qui se sont produites dans le sein de la Commission ont mis en évidence la richesse des éléments scientifiques mis au service de la céramique. On a rappelé l'admirable livre de M. Brongniart : on y trouve de précieuses indications pour des travaux qui pourraient être tentés avec succès; elles sont peut être trop oubliées aujourd'hui. Ce savant avait fait des essais de pâtes et d'émaux pour arriver aux résultats obtenus par les Orientaux; il a donné la formule d'émaux plus tendres pour les feux de moufle.

D'un autre côté, un des membres de la Commission, qui est un praticien distingué, dit qu'en consultant ces documents il a obtenu des résultats nouveaux et intéressants. Que la Manufacture alors reprenne ces travaux qui ont grandement ajouté à ses moyens d'exécution, et elle entrera sûrement dans la voie du progrès !

Ainsi qu'on le voit, les éléments scientifiques ne font pas défaut; la palette de Sèvres est très-riche; elle est même trop variée, suivant l'opinion d'un des membres très-compétents, et on y emploie trop de couleurs différentes.

Plusieurs observations techniques se sont produites au sein de la Commission au sujet de la fabrication. La coloration au grand feu donne des résultats merveilleux de glacé, mais elle reste limitée à une gamme triste; on pourrait alors ne pas l'employer exclusivement sur une même pièce et y associer des colorations au feu de moufle, qui, se faisant valoir l'une par l'autre, donneraient d'intéressants résultats. On doit aussi rechercher des couleurs plus fondantes et plus transparentes, qui s'amalgament plus volontiers avec le feldspath. Limoges a fait déjà des découvertes dans cette voie et Sèvres ne peut rester en arrière.

On peut aussi, au lieu de colorer les pâtes, faire des pâtes coloriées et, par-dessus, des décorations transparentes d'une variété infinie. Enfin, on a exprimé le vœu que la Manufacture revienne à la pâte tendre dans une proportion beaucoup plus considérable. Ce procédé, qui a produit les plus brillants résultats et a puissamment contribué à la célébrité de la Manufacture, se prête avec plus de complaisance à l'application des émaux coloriés et promet par conséquent des travaux très-réusss au point de vue décoratif. Il faut écarter à ce sujet toute appréhension sur la durée et la solidité des produits, le passé nous l'apprend, puisque les beaux ouvrages qui datent de l'origine de ce procédé n'ont subi aucune altération.

Nous avons jugé qu'il serait intéressant de compléter ces observations techniques en citant l'opinion de M. Deck, qui est une autorité dans cette question :

« La porcelaine dure, en France, dit-il, depuis sa découverte, a peu « varié dans sa fabrication, au point de vue décoratif.

« Les découvertes faites il y a quelques années, des pâtes sur pâtes, « ont été les seuls progrès réalisés dans la Manufacture de Sèvres.

« Les fonds de couleur sur lesquels on décore la porcelaine sont gé- « néralement lourds, froids de ton, sans transparence ni profondeur, et « presque toujours d'une couleur désagréable, résultat forcé d'un engo- « bage d'une pâte coloriée.

« Les décorations qui sont appliquées sur ces fonds, également par des « pâtes coloriées, produisent, par leur modelé dans les parties minces, « des effets qui ne sont pas sans charme; mais ce charme est produit « plutôt par la belle exécution artistique des figures, ornements, fleurs, « que par la beauté réelle des couleurs, dont la céramique ne doit jamais « s'écarter. Il serait donc à désirer que l'on fît des essais en vue de modi- « fier la nature des fonds, de les rendre transparents et de leur donner, « par cela même, l'aspect d'une pierre précieuse.

« La décoration en relief par des pâtes ou des émaux que l'on ap- « pliquerait sur ces fonds transparents prendrait de la finesse et beau- « coup de précieux. Ces fonds de couleur pourraient être des engobages « frittés ou un émail proprement dit, sur lequel on pourrait également « appliquer des reliefs avant qu'il ait été cuit, comme cela se pratique « en Chine sur les beaux vases céladons.

« Pour ces sortes d'émaux colorés, on pourrait créer des vases d'un

« ordre tout spécial, ornés d'arabesques ou d'ornements de toute sorte, « gravés en reliefs légers, de façon que les parties plus creuses, recevant « une plus grande épaisseur d'émail, feraient apparaître très-douce l'or- « nementation. La sculpture en haut relief trouverait aussi dans ce « genre de vases une heureuse application ; quelques touches de couleur « ou d'or, selon le sujet, suffiraient souvent à toute sa décoration.

« Ajoutons que l'on pourrait graver directement dans la pâte les or- « nements dont on voudrait décorer ces vases, tout en donnant libre « cours à la fantaisie; l'artiste aurait ainsi autant d'originaux, tout en « diminuant, dans un grand nombre de cas, les frais de modèles.

« Je pense qu'une modification des plus importantes est à faire dans « la décoration des vases blancs. Nous savons qu'actuellement le blanc « des vases est produit par la pâte même, enduite d'une couverte, ce qui « produit forcément un blanc brutal, sans profondeur, qui, non-seule- « ment ne saurait s'harmoniser avec la décoration, mais encore en détruit « la beauté.

« Pour obvier à cet état de choses, il suffirait de recouvrir les vases « d'un véritable émail teinté, soit vert grisâtre, soit bleuâtre ou jau- « nâtre, etc.

« La décoration y trouverait beaucoup plus de ressources, soit pour « les figures, soit pour les fleurs ou les ornements; les retraits de blanc « et les teintes de toute autre couleur ajouteraient encore beaucoup à la « richesse et à l'harmonie de l'ensemble.

« Pour compléter cette série de décorations, il est donc urgent que « les couleurs soient brillantes et qu'elles jouent, comme celles des Chi- « nois, le rôle d'émail, soit opaque, soit transparent.

« Comme ces émaux sont peu colorés, ils n'ont de valeur que sous « une certaine épaisseur, ce qui ajoute encore du gras et une plus grande « harmonie aux peintures.

« Ne perdons pas de vue que les Chinois et les Japonais interprètent « leur art toujours au point de vue décoratif. Ils équilibrent bien leurs « masses, les traitent simplement, et ne voient que le jeu de la couleur « dans leurs fleurs qu'ils nuancent simplement avec le même ton, ce qui « leur permet de conserver toujours une pureté et une franchise que ne

« peuvent jamais avoir des fleurs modelées, quel que soit d'ailleurs le « talent qu'on ait mis à les imiter.

« Disons encore qu'ils n'ont jamais de fouillis dans leurs masses; tout « y est libre et s'accuse bien. Il serait donc important, sous ce rapport, « de limiter le nombre par trop grand de nuances de couleurs.

« Il existe en Chine des couleurs de fond qui lui sont toutes particu- « lières. Ce sont des fonds demi-grand feu sur une porcelaine déjà cuite « au grand feu, qui, tout en conservant à cette poterie le caractère de la « porcelaine, offre encore une grande ressource dans la coloration des « fonds.

« Nous n'avons en France aucune couleur de cette nature; comme « fond qui s'applique à la porcelaine, les couleurs sont: le jaune, le vio- « let, le turquoise, le vert, etc. Si nous arrivons à nous rendre maîtres « des procédés chinois, ce que je crois possible, nous augmenterons de « beaucoup nos ressources décoratives. Je dois encore appeler l'attention « de la Commission sur une couleur aussi belle que brillante, et que « Sèvres n'a pas encore mise au jour, c'est le rouge et le bleu flammé de « Chine, autrement, rouge de cuivre au grand feu.

« Cette riche coloration, cuite dans des conditions toutes particulières, « produit des teintes depuis le rouge dit *haricot* jusqu'au plus beau car- « min, flammées parfois de tons violacés et bleus, mais avec une vigueur « et une profondeur admirables.

« Le musée de Sèvres contient, sans aucun doute, des spécimens de « presque toutes les fabrications de la Chine et du Japon. C'est donc là « qu'on peut trouver toutes les pièces qui serviraient de sujet pour ces « recherches consciencieuses.

« Et, alors même que ces essais ne seraient pas toujours couronnés de « succès, il adviendrait bien certainement que l'on ferait des découvertes, « des trouvailles heureuses auxquelles on ne s'attendait pas.

« Qu'il me soit permis, ajoute M. Deck, de terminer cet aperçu som- « maire en avouant en toute sincérité que dans notre art, comme dans « toute chose, l'initiative personnelle, quand elle est stimulée et encou- « ragée, atteint presque toujours le but qu'elle se propose; mais il faut « pour cela que le chercheur demeure convaincu que son droit et ses

« intérêts seront reconnus, et, dans ce cas, courage, volonté et abnéga- « tion seront alors multipliés.

« En résumé :

« 1° Supprimer les pâtes de couleur, en les remplaçant par des émaux « colorés transparents de grand feu;

« 2° Créer pour ces sortes d'émaux transparents colorés un ordre de « vases où la belle forme, la sculpture en gravure et en haut relief soient « et forment toute la décoration;

3° Pour la décoration des vases blancs, remplacer la couverte par un « émail teinté, et transformer une partie des couleurs pour peindre en de « vrais émaux transparents et opaques, et en limiter le trop grand nombre « de nuances;

« 4° Créer une porcelaine propre à être recouverte par des couleurs de « fond demi-grand feu;

« 5° Rechercher le rouge flammé de Chine;

« 6° Développer par un appel sérieux l'initiative personnelle [1]. »

La Commission a accueilli avec un grand intérêt ces indications techniques qui peuvent être très-précieuses pour les progrès de la Manufacture. Elle émet en même temps le vœu que cet établissement national soutienne l'honneur de son titre, au double point de vue de la science et de l'art, en ne se laissant pas devancer, soit par l'industrie, soit par la fabrication étrangère.

CHAPITRE IV.

FORMES ET DÉCOR.

THÉORIE GÉNÉRALE.

Les questions techniques qui précèdent s'enchaînant naturellement avec celles qu'on doit considérer à un point de vue purement esthétique, ces dernières préoccupèrent vivement la Commission, comme correspondant plus directement à la mission tracée par le Ministre.

[1] Extrait du rapport présenté par M. Deck, à la séance du 4 janvier 1875.

Deux éléments essentiels concourent avec une égale valeur aux produits de la céramique envisagée au point de vue de l'art : la forme et la décoration.

Il est entendu que cette dernière comprend la composition, le dessin et la couleur.

Ainsi que l'a souvent exprimé la Commission pendant le cours de son travail, il faut avant tout établir des principes pour donner une direction aux œuvres d'art et ensuite les juger. Mais avant d'entrer dans ces questions de théorie si difficiles à traiter, qu'il nous soit permis d'exposer les diverses opinions qui se sont produites individuellement aux points de vue critique et didactique. Il s'en dégagera, nous l'espérons, des aperçus qui doivent faciliter la solution de ces questions délicates.

Dans une des premières réunions de la Commission, un des membres, qui a aujourd'hui l'honneur d'être son rapporteur, lut une note où il avait jeté quelques idées propres à les résoudre.

Voici cette note résumée :

« Pour faire un examen critique et consciencieux des produits de la « Manufacture de Sèvres, en vue de leur perfectionnement, le premier « devoir est de signaler leurs imperfections, pour éviter de les reproduire.

« La fabrication de Sèvres est bonne, mais les formes sont languis- « santes; elles manquent de ces oppositions fines et originales que l'on « trouve si fréquemment dans les belles céramiques, qu'elles soient de « style grec, indou, persan, chinois ou arabe.

« Pour la décoration coloriée, les défauts sont encore plus sensibles; « après avoir abandonné avec raison ce système de froide décoration qui, « sous la Restauration, consistait à établir sur la panse d'un vase un en- « cadrement pour y peindre un paysage, un tableau ou un médaillon, « on est passé à une décoration sans ordonnance : de larges surfaces « vagues sont abandonnées le plus souvent à des feuillages, sans aucune « division ornementale. De là un effet indéterminé qui n'apporte à la « vue aucune jouissance et la fatigue comme preuve d'un effort impuis- « sant.

« Ces observations pourraient également s'appliquer soit à la faiblesse « de l'ornementation, soit à l'agencement des couleurs. Qu'il suffise de

« dire que ces productions ont rarement en elles ces qualités d'ordon-« nance, d'oppositions, de variété, d'unité, d'originalité et d'harmonie tout « à la fois qui distinguent les anciennes céramiques.

« Quels sont les remèdes à apporter ?

« En première ligne, il faut placer l'éducation des artistes; il faut indi-« quer aux artistes de la Manufacture et à ceux qui désirent y être em-« ployés la marche à suivre pour l'éducation spéciale qui leur est néces-« saire; il faut des études générales, puis des études spéciales propres à « faire ressortir :

« La pureté, la beauté et la grâce de l'art grec ;

« La sévérité et la vigueur de l'art étrusque;

« Le brillant et l'originalité de l'art persan;

« La variété infinie, la coloration merveilleuse de l'art chinois;

« Les effets frappants du décor de l'art japonais ;

« La grâce et les combinaisons ingénieuses de l'art arabe ;

« L'abondance et la richesse de l'art italien ;

« La légèreté gracieuse des arabesques de Rouen, de Nevers et de « Delft;

« La noble élégance et la distinction du vieux sèvres de Louis XVI.

« Quels sont maintenant les artistes qui auront à profiter du travail « de la Commission ? Quels sont ceux auxquels on confiera la composi-« tion décorative au double point de vue du dessin et de la couleur ? « Seront-ils choisis uniquement dans la Manufacture, faisant uniformé-« ment un travail peu stimulé par la rivalité ? Assurés en effet d'une « bonne position fixe et peu menacés par la bienveillance de la direc-« tion, ils arrivent, par la continuité du même travail et par des habi-« tudes sédentaires, à une inertie qui se refuse à toute initiative dans l'art.

« Sera-ce au contraire à des artistes libres, indépendants et appelés « au dehors auprès du foyer central qui vivifie sans cesse le courant des « idées artistiques ? Dans ce cas, des compositions leur seraient deman-« dées à titre de concours; l'émulation, la valeur pécuniaire des compo-« sitions primées, et enfin l'honneur de l'exécution à Sèvres, seraient sans « doute de puissants stimulants.

« On peut certainement augurer quelques bonnes compositions de ce

4.

« mode de recrutement; mais peut-on espérer que les artistes se soumet- « tront à ces études sérieuses indiquées plus haut? Il ne faut pas certai- « nement favoriser cet art d'école en serre chaude propre seulement à pro- « duire un grand nombre de médiocrités; c'est surtout dans la céramique, « où l'art vit de fantaisie, qu'il faut éviter les méthodes qui engendrent « les poncis et la routine. Mais enfin il faut joindre à l'imagination une « instruction solide, et on peut se demander si ces artistes, un peu en- « fants du hasard, posséderont ces qualités qui doivent s'acquérir par un « goût naturel, mais aussi par de sérieuses études de l'histoire de l'art.

« Il faut réfléchir aussi que les artistes du dehors n'auront pas sous les « yeux cette magnifique collection céramique qui, à la Manufacture, est « un livre constamment ouvert aux études de cet art.

« On voit donc qu'il y a inconvénient des deux côtés.

« Pour le premier, on peut craindre une routine paresseuse peu favo- « rable à l'initiative; pour le second, il faut redouter le peu d'instruc- « tion et des écarts de goût qui ne seraient pas rachetés par l'originalité. « Il faut aussi ajouter que les diverses compositions recueillies ainsi de « côté et d'autre ne présenteraient pas cette unité de style qui doit « constituer un art national digne de l'estime dont il jouit parmi les « nations étrangères.

« On pourrait alors proposer un système mixte, qui consisterait à « accueillir simultanément les compositions des artistes sédentaires et « de ceux du dehors.

« Aux uns comme aux autres on ferait connaître le travail de la Com- « mission, qui deviendrait une espèce de programme perpétuel. Les pre- « miers d'abord préparés par une école spéciale à la Manufacture joui- « raient des avantages résultant d'une connaissance étudiée des œuvres « d'art et d'une communication intime des desiderata du Directeur; les « seconds, absolument libres, seraient invités à exposer leurs composi- « tions sur une série de programmes variés.

« Ce serait en réalité une espèce de concours, où l'émulation entre « artistes internes et externes tournerait au profit de l'art et à l'avantage « de la Manufacture [1]. »

---

[1] Extrait du rapport présenté par M. Duc, à la séance du 14 novembre 1872.

Cette note, qui n'a pas une grande valeur au point de vue pratique, devint néanmoins une espèce de cadre pour les travaux de la Commission; elle ouvrit aussi la voie à de nouvelles considérations d'un caractère esthétique.

Parmi ces derniers, nous ne pouvons omettre de citer les travaux de M. Charles Blanc sur la forme et le décor des vases. Ces études, qui pénètrent si profondément dans les secrets de l'art céramique, intéressèrent vivement la Commission. L'espace ne nous permet pas de donner place ici à ces ingénieuses et fines appréciations; nous ne pouvons qu'en recommander la lecture aux artistes désireux de s'instruire avant de se livrer à la composition, et nous nous bornerons à quelques citations.

« *En ce qui concerne la forme :*

« Tout produit céramique doit avoir une dimension dominante, et il « y a une raison esthétique pour qu'il en soit ainsi : c'est qu'il n'est pas « possible de mettre du sentiment dans une œuvre d'art sans y mettre « une sorte de partialité.

« Par un trait de ressemblance avec l'architecture, la céramique a ses « trois ordres, auxquels on peut ramener les variétés sans nombre qui « distinguent ses ouvrages. Un vase qui est conçu avec le simple but « d'être beau, affectera infailliblement ou une simplicité fière et forte, « — l'accent dorique, — ou une délicatesse gracieuse, — le caractère « ionique, — ou un air de richesse et de magnificence, — le mode corin- « thien.

« Toutes les nuances de la volonté, toutes les variantes du goût et « même de la fantaisie pourront trouver place dans les intervalles qui « séparent ces trois ordres.

« Le caractère du mode corinthien étant la richesse et la magnificence, « c'est surtout par les ornements sculptés ou peints qu'il doit se distin- « guer. Quant à la forme, elle sera nécessairement une combinaison de « celles qui répondent à la dignité, d'une part; de l'autre, à la grâce. « Pour le style pompeux, la prédominance des lignes droites aurait trop « de sévérité, et le triomphe des lignes courbes, trop de délicatesse.

« Il y faut un mélange des deux éléments. Il faut que les surfaces con-

« caves et convexes y soient tempérées par des lignes non rompues. Mais, « encore une fois, le mode corinthien des vases sera caractérisé par l'opu- « lence des couleurs, par la discrète abondance des ornements ciselés, « par l'invention et le travail des anses, par le choix des moulures, telles « que bandeaux, baguettes, côtes, cannelures, godrons, entrelacs, etc.

« Toutefois, au sujet des moulures, on doit remarquer qu'elles ne « sauraient s'adapter à la céramique proprement dite, à moins qu'elles « ne soient d'une extrême délicatesse et d'une épaisseur presque insen- « sible [1]. »

De la forme des vases, M. C. Blanc passe à leur décor, en posant des aphorismes pleins de justesse. En voici quelques-uns :

« 1° Dans l'art céramique, le décor doit toujours respecter la forme « de la chose décorée;

« 2° L'observation des règles de la perspective est toujours déplacée « dans la décoration des vases. L'imitation des tableaux doit être pros- « crite du décor des vases;

« 3° La peinture des vases doit d'autant moins imiter celle des tableaux, « qu'à l'inverse de cette dernière, elle veut des couleurs franches et fières « et très-peu de tons rompus;

« 4° Loin d'emprunter des motifs à la seule nature, la décoration céra- « mique, même dans la représentation des choses naturelles, subordonne « l'imitation aux lois de l'harmonie, au plaisir de l'esprit et des yeux;

« 5° La plus belle décoration des vases par la couleur n'est pas celle « qui multiplie les teintes variées, mais celle qui, faisant jouer deux cou- « leurs complémentaires naturellement exaltées, ou simplement deux « couleurs contrastantes, tempère et harmonise le spectacle par quelques « tons intermédiaires accessoires et peu voyants. »

Comme développements de ce dernier axiome, M. Charles Blanc ajoute :

« Le grand secret des coloristes n'est pas d'être harmonieux avec des « couleurs pâles, mais de conserver l'harmonie avec des couleurs écla- « tantes. Les Orientaux s'entendent merveilleusement à résoudre ce pro-

---

[1] Extrait du mémoire sur l'art céramique de M. Charles Blanc, lu à la séance du 14 mars 1873.

« blème dans leurs tapis comme dans leurs céramiques; ils savent com-« poser un spectacle doux avec des tons fiers. Pour cela, ils font vibrer « des couleurs qui sont avivées par le contraste et apaisées par l'analogie. « Avec deux teintes dominantes et quelques transitions, ils procurent au « spectateur l'impression d'un coloris opulent[1]. »

Dès ce moment, la Commission entrait dans la partie la plus ardue de son travail, celle qui consistait à définir les principes esthétiques dans l'art de la céramique. Plusieurs réflexions se produisirent tour à tour parmi les membres et contribuèrent à jeter une vive lumière sur cette question délicate. Nous essaierons de les résumer tout à l'heure; mais auparavant cédons la parole à un artiste très-autorisé en matière de décor, à M. Lameire, qui s'exprime ainsi :

« Avant de passer à l'étude de la coloration des vases, ne serait-il pas « utile de poser en principe que la couleur dont un vase est revêtu ne doit « jamais faire hésiter sur la nature de sa matière, soit en la voilant trop « complétement, soit en lui donnant l'aspect d'une matière étrangère à « la porcelaine; qu'il est désirable de donner dans les vases de porcelaine « la place à la couleur de la pâte; et, quand la partie principale reste « blanche, qu'il est de toute nécessité de rappeler quelques échos de cette « couleur dans les autres parties de l'objet orné ?

« Cela posé, passons au point le plus important de la décoration céra-« mique :

« *La division de l'espace.*

« N'est-il pas nécessaire, en s'adressant aux artistes chargés de décorer « les vases, de bien préciser les bornes qu'ils ne pourront franchir sans « danger pour les saines traditions, pour le bon goût et pour l'aspect « satisfaisant de l'objet qu'ils doivent orner?

« Ainsi, prenons pour exemple un vase de forme ovoïdale, qui est la « plus générale et qui se prête admirablement à la décoration. Il faudra « réserver la panse pour recevoir les sujets allégoriques ou les ornements « principaux qui expriment la pensée de l'artiste. Il faudra limiter cette

[1] Extrait du mémoire sur l'art céramique de M. Charles Blanc, lu à la séance du 14 mars 1873.

« surface en haut et en bas de façon que les personnages, s'il y en a, ou « les ornements, ne débordent pas sur la partie supérieure, qui doit rester « exclusivement ornementale et préparer l'art à la dépression du col.

« Il faudra que les ornements du col du vase enserrent sa naissance « comme des bandelettes ou bracelets et qu'ils s'épanouissent à mesure « qu'ils s'élèvent vers l'orifice; que la partie inférieure de la panse soit « d'une ornementation plus ferme et presque toujours dans une direction « verticale, afin de bien enchâsser dans son réseau cette même base qu'elle « enveloppe et contient; que le pied, plus fin que le col dans la partie « qui touche à la base de la panse, appartienne bien au vase qu'il sou- « tient par une ornementation ferme et accentuée; que les divisions ne « soient jamais égales dans leurs distributions; que la coloration de ces « diverses parties d'un tout, qui doit rester homogène, soit bien graduée, « suivant l'importance de chacune de ces parties. En un mot, que la « panse, qui reçoit plus largement la lumière, soit la plus brillante; que « la partie inférieure et, suivant la même gradation, le col cèdent le « pas en vigueur au pied du vase.

« Ces divisions ne s'appliquent pas seulement à la forme ovoïdale citée « plus haut, elles sont un criterium qui peut s'appliquer à toutes les « formes en se modifiant suivant l'ampleur ou la dépression des surfaces, « à l'ampleur du vase Médicis comme à la délicatesse des plus petits. On « peut aussi appliquer aux assiettes et aux plats les lois qui régissent la « forme ovoïdale, en ce sens que l'ornementation de la partie centrale doit « être bien à l'aise dans le cercle qui la renferme, sans jamais émerger « sur la circonférence des bords. Cette circonférence, si elle est ornée, le « sera avec avantage dans un principe rayonnant.

« Une coupe, qui ressemble assez à une assiette ou à un bol placé sur « un pied, réunit les mêmes exigences, avec cette différence que, pou- « vant être décorée au dedans et au dehors, il faut que l'ornementation « extérieure soit plus ferme et ne répète pas les mêmes éléments qu'à « l'intérieur.

« Si la surface du vase est mouvementée, il faut que la décoration en « tienne un compte rigoureux et ne s'expose jamais à être interrompue « ou gênée par cette vibration et qu'elle en épouse les directions diverses.

« Il ne faut jamais non plus, dans l'intérieur d'une coupe ou d'une « assiette, appliquer des reliefs, l'intérieur devant toujours être apte à « recevoir des liquides, des fruits, etc.

« *De la couleur.*

« On ne saurait aborder le chapitre si délicat des colorations céra- « miques sans se recueillir pour bien se pénétrer de la valeur de cet art.

« Ce qu'on demande à l'assiette, c'est de revêtir de tons harmonieux « un objet dont l'utilité n'est à proprement parler qu'un prétexte et qui « a pour but de faire naître aux yeux du spectateur l'heureuse impres- « sion du beau et de le transporter dans la région de l'art le plus pur.

« Par une singulière fortune, la céramique est peut-être l'unique « branche de l'art qui résume en un volume aussi restreint ses trois prin- « cipaux éléments, architecture, peinture et sculpture. Un vase bien « composé et parfaitement orné est à lui seul un monument complet, et « si l'objet est petit de proportions, il peut devenir grand par le talent « qui l'a conçu. L'artiste céramiste ne doit pas être (dans son domaine, « bien entendu) un architecte, un peintre ou un sculpteur; il doit être « les trois à la fois.

« C'est l'homme de goût par excellence, à qui on demandera beaucoup « en lui laissant peu de moyens.

« *De la franchise des tons et de leur intensité.*

« Il faut éviter les tons indécis, qui produisent un aspect triste et mo- « notone, surtout dans l'art qui nous occupe, où l'harmonie tient presque « toujours à l'heureuse association de couleurs franches.

« Les demi-tons ne pourront être employés qu'à la condition de s'ap- « poser sur un ton entier, clair ou vigoureux, dont ils deviennent les « corollaires et qu'ils peuvent ainsi faire valoir.

« *Du choix des colorations.*

« Il faut éviter l'application des tons vigoureux sur des parties fines « et délicates, et, par la même raison, éviter les tons clairs et opaques « sur des formes opulentes qui reçoivent largement la lumière.

« *De la composition des tons.*

« Sans limiter le vaste champ de la coloration céramique, on peut « dire en principe que les effets les plus heureux étant toujours obtenus « par les tons les plus simples, il faut éviter la multiplicité des éléments, « qui, loin d'augmenter la richesse de l'ensemble, dissémine l'attention « et la tiraille en sens divers. Toutefois, cette multiplicité de couleurs « peut devenir un véritable ton par leur adhérence et produire une « valeur plus riche et plus vibrante.

« *De l'adjonction des métaux dans la coloration.*

« Quoiqu'il soit préférable d'obtenir des effets par l'application de « la couleur seule, on ne peut rejeter le secours des métaux, tels que « l'or, l'argent, le cuivre ou l'étain, qui ont été employés avec tant de « succès par les anciens dans leurs émaux cloisonnés. Ces métaux de- « viennent alors de véritables sertissures qui contournent les ornements, « pénètrent dans leurs subdivisions intérieures, circulent d'une extré- « mité à l'autre du vase, et enveloppent sa coloration tout entière dans « un réseau harmonieux.

« Bien qu'admirant sans réserve les produits céramiques de l'extrême « Orient, dont les peuples observateurs ont acquis une si grande expé- « rience dans cet art, et bien que la source chromatique du spectre so- « laire résume toute la palette, faudra-t-il s'arrêter aux résultats obtenus « jusqu'à ce jour sans oser regarder au delà?

« La découverte toute récente de l'application des demi-pâtes sous « émail transparent n'est-elle pas un élément nouveau qui doit encou- « rager les artistes à chercher encore d'autres colorations? En étudiant « le grand livre de la nature, ils y puiseront des enseignements qui les « empêcheront d'errer, s'ils savent comprendre ces pages merveilleuses. « Ils trouveront de nombreuses leçons de coloration dans les fleurs, dans « le plumage des oiseaux, dans la robe fauve des animaux et jusque « dans les coquillages.

« Dans les fleurs, par exemple, ils trouveront les tons les plus frais, « les plus légers; d'autres éclatants, vigoureux, sombres et veloutés,

« comme dans les roses, les iris, les tulipes, les pivoines, les dahlias et « tant de fleurs admirables.

« Il ne suffit pas de citer des myriades de sujets qu'offre la nature à « l'éducation de la coloration; il est non moins intéressant de connaître « comment elle a été interprétée par les grands céramistes de l'Orient. « Sur ce point, les Chinois, les Japonais et les Persans semblent lui « avoir dérobé ses secrets les plus cachés. Dans le rose orangé, le « blanc jaune, le gris vert ne retrouve-t-on pas la coloration de la fleur « du pêcher, l'ivoire des éléphants et le vert clair aux reflets argentins « des roseaux?

« Ce que les maîtres ont su par-dessus tout, c'est interpréter la nature « et employer à la coloration de la céramique la même intelligence « qu'ils appliquaient à la création de la forme. C'est la même éducation « des yeux qui trouvait à la fois les contours du lotus, les silhouettes « des dragons fantastiques et les tonalités savantes de leurs vases [1]. »

En terminant son rapport, qui a trait surtout à la coloration des vases, M. Lameire signale les heureux résultats de l'application des demi-reliefs sous forme de pâte ou de barbotin. « Quand la science, « dit-il, aura enfin donné ce qu'on attend d'elle avec impatience, une « palette plus complète d'émaux transparents pouvant aller au grand « feu, l'art de la céramique aura fait un grand pas dans la voie de son « avenir.

« La découverte des demi-reliefs, cette conquête toute récente et toute « française, sera un des éléments qui couronneront nos efforts en ren- « dant enfin possible une décoration simple et complète, simple dans ses « procédés, complète dans ses résultats, et qui ne sera pas seulement la « peinture ou la sculpture appliquée sur l'argile, mais l'une et l'autre « fondues ensemble dans une parfaite homogénéité. »

A ces préceptes, d'une vérité si juste, nous croyons devoir ajouter quelques développements plus intimes, afin de pénétrer aussi avant que possible dans l'esthétique de l'art céramique.

Il faut d'abord renoncer à une démonstration scientifique. Ici il ne

---

[1] Extrait du rapport présenté à la Commission par M. Lameire, à la séance du 28 décembre 1874.

peut être question de formules; rien ne peut être prouvé, tout relève du sentiment. La raison intervient quelquefois; mais, avouons-le, quand le caprice ou une invention originale se trouvent en lutte avec la raison, c'est celle-ci qui a quelquefois le dessous et cède au prestige de l'art.

En ce qui concerne les formes et les profils des vases, qui pourrait croire que de simples contours peuvent exprimer tour à tour la noblesse, la grâce, l'élégance, la fierté, la fermeté, la rudesse ou la pesanteur! C'est pourtant l'impression variée qu'on éprouve lorsqu'on examine les divers types de l'ancienne céramique, soit qu'ils appartiennent à l'art grec, qui en est la plus haute expression, soit qu'on consulte les produits de l'Inde, de la Perse, de la Chine, du Japon et beaucoup d'autres d'un âge rapproché de nos temps modernes. Il serait certainement curieux d'expliquer le pourquoi de ces vérités. Bien que ces faits appartiennent au domaine du sentiment, nous croyons néanmoins possible de dévoiler ce grand secret de l'art : l'expression de la forme. Mais il faudrait se livrer ici à des analyses très-subtiles qui ne peuvent trouver place dans le cadre tracé à la Commission. Nous préférons donc réserver ces intéressantes leçons aux professeurs appelés à enseigner l'art décoratif, soit à l'École des Beaux-Arts, soit à la Manufacture.

Ce qui vient d'être dit au sujet des formes et profils de la céramique peut être étendu à l'infini, lorsqu'on entre dans le domaine de la décoration et de la couleur. Ici l'imagination, le goût et le caprice n'ont plus de bornes, et il serait bien difficile de tracer des règles absolues pour les diriger ou les contenir. L'art ne vit que de liberté, mais à la condition de ne pas blesser certaines lois naturelles reconnues par le monde entier. Nous disons que ces lois sont naturelles, parce que, dans l'architecture décorative comme dans la musique, bien que ces deux arts ne relèvent que de l'imagination, elles sont primordiales et deviennent des principes. Elles consistent, pour la mesure, dans les oppositions, dans la division de l'espace, dans le rhythme égal, répété, alterné, tertiaire ou brisé. Pour le dessin ornemental et la couleur, le champ s'élargit encore et il faudrait un long chapitre pour mettre en évidence la multiplicité des ressources et des effets qu'on peut produire par la réunion de ces deux éléments. Là, de nouveau, nous empruntons une com paraison aux sensations que fait éprouver la musique : il faut une mesure rhythmée sans monotonie, un thème qui captive l'attention, des motifs brillants d'un dessin gracieux, et des accompagnements riches ou légers pour les harmoniser. Si ces diverses qualités existent dans le dessin comme dans la couleur, l'artiste peut être assuré d'avoir composé une intéressante symphonie décorative.

Pour revenir à la pratique, disons qu'aucun artiste ne naît armé des rares facultés qu'exige cet art si difficile de la décoration céramique. Nous affirmons donc qu'il doit s'instruire de l'art du passé pour y puiser de précieuses leçons.

Chez les Orientaux particulièrement (par ce mot nous comprenons ce grand cercle de peuples qui s'étend de l'extrême Orient à l'Espagne), il verra comment ils comprennent l'imitation de la nature. Chez eux, la vue des fleurs, des oiseaux, des animaux traverse leur imagination pour prendre des formes fantastiques, mais néanmoins très-étudiées. Bien loin de sacrifier au réalisme, tout est traduit poétiquement; on croirait enfin que chez eux la nature est aspirée comme dans un alambic pour se résumer en essence. De là, dans leurs compositions, ce charme infini qui réjouit la vue et l'imagination. La moindre production, ne serait-ce qu'une fleur, devient un petit poëme pour l'esprit et les yeux.

Dans un autre ordre d'idées, il convient aussi d'étudier, chez les Japonais particulièrement, combien les lois de l'espace, c'est-à-dire la répartition des champs et de l'ornementation, sont observées avec art et sentiment.

Une simple ornementation bleue sur fond blanc suffit à la décoration de cette famille de vases qu'on appelle *la porcelaine impériale* et qu'on destine aux dignitaires de l'empire. Mais avec quel art cette ornementation est composée et répartie relativement aux champs !

La Commission croit utile enfin de donner son avis au sujet des moyens employés à la Manufacture pour la décoration des vases.

Il nous est revenu qu'à Sèvres il n'y a pas de dessins préparés pour la décoration et la coloration des diverses pièces céramiques.

M. le Directeur et les artistes s'assemblent en famille, tournent autour d'un vase dont la forme est donnée, et là on fait des essais de décor, on habille ce vase d'ornements, on préside pour ainsi dire à sa toilette, et, suivant les divers avis, on lui compose sa parure.

Ce procédé nous semble peu logique et manque absolument de méthode. Nous croyons y trouver la cause de cette absence de composition coordonnée qu'on a souvent remarquée dans les travaux de la Manufacture.

On ne peut faire la décoration d'un vase comme on habille un mannequin. Il faut que la composition, grande ou petite, soit réglée et étudiée à l'avance dans son ensemble comme dans ses moindres parties. Nous pensons donc qu'on devrait retourner à ces dessins rendus dont l'ancienne Manufacture conserve de si brillants exemples. Nous entendons néanmoins que ces études préparatoires ne fassent pas obstacle à des maquettes peintes sur le relief des pièces pour en juger les effets perspectifs.

L'attention de la Commission s'est portée en dernier lieu sur un point qui, sans appartenir spécialement à la fabrication céramique, ne mérite pas moins un sérieux intérêt, à cause du complément décoratif qu'il apporte à certaines pièces. Il s'agit des montures en bronze.

En principe, on pourrait dire que cet appendice ne doit pas être adopté, ou qu'il ne peut l'être que pour des pièces de gala. C'est un support, une espèce de socle ou piédestal destiné à mettre en honneur l'œuvre qu'on signale; mais, en tout cas, cette partie, secondaire par son style comme elle l'est par sa matière, doit être séparée de cette œuvre, dont elle doit ne servir qu'à rehausser la valeur.

Les Chinois et les Japonais, qui sont nos maîtres en céramique, l'ont bien compris ainsi; ces piédouches sur lesquels ils posent leurs vases, sont simplement en bois noir, avec une ornementation qui n'a d'analogie qu'avec leur architecture et leurs meubles, mais complétement séparée, comme style, de l'ornementation céramique. De là une vive opposition qui, séparant bien les deux objets, fait ressortir la finesse, la coloration et la beauté de l'œuvre qu'on veut mettre en honneur.

Sous Louis XIV et Louis XV, on s'empara de cette idée, mais pour l'amplifier conformément aux mœurs du temps. Des ornements et des sculptures en bois doré donnèrent à ces supports un aspect de magnificence qui rejaillissait sur la pièce dont on voulait faire montre.

Dans cette façon de procéder, on ne peut méconnaître la splendeur de cet assemblage. Le principe aussi était sauvé; la décoration comme la matière y étaient bien séparées. Notre époque moderne a suivi cet usage, mais en modifiant la matière et l'ornementation. Au bois doré on a substitué le bronze doré, qui peut remplir le même office; mais, à cause de cette matière qui exige une plus fine exécution, on est arrivé à confondre l'échelle des ornements des supports avec celle de l'ornementation du vase, et, sous prétexte d'harmonie, on est arrivé à faire un ensemble du vase et du socle qui lui sert de piédestal. Nous avons même vu un vase dont cette dernière partie se liait si intimement avec la partie céramique, qu'on aurait cru voir une pièce moitié bronze, moitié porcelaine. Nous le répétons, ce procédé doit être absolument proscrit; les piédouches, socles ou supports sont un objet complétement séparé, de matière, de style et d'ornementation, de la pièce qu'ils ont pour fonction de mettre en honneur. Ils doivent jouer à son égard le rôle d'une sertissure destinée à faire briller une pierre précieuse.

Il ne faut pas non plus oublier que les bagues ou ceintures de métal doré qu'on ajoute trop fréquemment sur les vases, pour dissimuler les joints des pièces, sont de tristes expédients qui n'accusent que la pauvreté des moyens d'exécution. Qu'on n'oublie pas que la beauté et la valeur d'un vase réside souvent dans sa grandeur et sa simplicité, mais à la condition qu'il n'y ait pas de mensonges!

Nous terminerons ce long chapitre de la théorie par une dernière observation.

En traçant les avis qui ont été énoncés plus haut, soit pour la peinture par émaux fondants, soit pour favoriser, au double point de vue technique et esthétique, l'étude de l'art oriental, la Commission ne se dissimule pas qu'elle peut amener une évolution dans la direction pratique de l'art décoratif. Elle doit cependant tenir un grand compte de l'état actuel de la direction. La Commission n'ignore pas que la Manufacture possède un grand nombre d'artistes d'un talent éprouvé, qui ont soutenu vaillamment son honneur, et elle désire qu'on ne vienne jeter aucun trouble dans cette honorable phalange. La Commission, en donnant ces avis salutaires, croit au contraire rester dans son rôle conservateur; si elle recommande d'étendre à Sèvres les études vers les céramiques anciennes de plusieurs pays, elle n'entend pas cependant favoriser une imitation rétrospective plus ou moins réussie, qui a un succès légitime dans l'industrie privée, mais qui serait déplacée à Sèvres; elle compte au contraire que la Manufacture restera fidèle aux nobles traditions de l'art français qui ont fait sa gloire. Aujourd'hui elle doit surtout continuer à les mettre en pratique par de sérieuses études sur l'art décoratif.

CHAPITRE V.

ÉDUCATION DES ARTISTES.

Plusieurs fois dans le cours de ce rapport on a parlé de l'éducation incomplète des artistes qui coopèrent aux travaux de la Manufacture de Sèvres. On a remarqué que cet élément, si essentiel au succès de ses œuvres, est en défaillance. D'autre part, on s'est récrié sur la pénurie dont on souffre lorsqu'on cherche des artistes propres à maintenir la céramique française au rang qu'elle a souvent occupé dans la fabrication européenne. Un membre des plus considérés, représentant l'industrie de Limoges, a exprimé devant la Commission son extrême embarras de ne pouvoir trouver non-seulement des artistes, mais même de simples ouvriers pour régénérer ses ateliers et seconder les efforts de l'industrie. On se demande alors si la Manufacture, en examinant sa direction intérieure et l'influence qu'elle doit exercer extérieurement, remplit bien le beau rôle de conservatrice qu'on désire lui attribuer pour élever le niveau de l'art dans notre pays? Sans être très-sévère, il est permis d'en douter. Mais par quelle raison? C'est toujours la même réponse : c'est par défaut d'éducation et d'instruction.

Et comment pourrait-il en être autrement? Il n'y a ni enseignement ni élèves; l'art décoratif est inconnu.

Ce n'est pas certainement l'école de la rue de l'École-de-Médecine, ni les écoles Turgot et Chaptal, qui peuvent préparer l'éducation des artistes. Comment se forment-ils? C'est un problème. Ceux qui parviennent à se mettre en évidence le doivent surtout à leurs heureuses prédispositions pour l'art, mais souvent aussi ils arrivent sans culture. De là des inventions dues au hasard, souvent bizarres, ou des imitations rebattues de l'art du passé. Si nous nous tournons du côté de Sèvres, nous apercevons beaucoup de mains habiles, bien des preuves d'un goût délicat; mais nous sommes forcés de reconnaître qu'en général le décor est fade et débile, que l'ornementation est souvent d'une gaucherie regrettable, que l'accent et la conviction de style enfin font défaut dans bien des compositions.

Et comment pourrait-il en être autrement? Les artistes n'obéissent pas à un enseignement commun et à une direction supérieure; ils sont livrés à leur propre individualité; ils jouent le rôle de brillants solistes et chacun exécute isolément son morceau sans chef d'orchestre. Cela revient à dire qu'il faut un enseignement organisé pour y puiser les principes de l'art décoratif et s'y exercer par la pratique. Mais où et comment apprendre cet art si complexe et si délicat? La question est sérieuse et il est de notre devoir d'y répondre.

La Manufacture de Sèvres devrait avoir d'abord chez elle une véritable école, où de tout jeunes gens recevraient continuellement un enseignement spécial. Nous y reviendrons plus tard pour en proposer l'organisation. Mais pour l'enseignement de l'art décoratif, il faut un établissement plus général et plus central : c'est dire que sa véritable place est à l'École des Beaux-Arts. C'est de ce foyer, en effet, que partent tous les rayons de l'enseignement pour vivifier l'art dans toutes ses directions.

Que les élèves soient peintres, sculpteurs ou architectes, ils ne peuvent tous prétendre à la célébrité d'un grand homme! Développer chez eux une folle ambition vers un but unique et par le même enseignement, c'est leur préparer de tristes déceptions, en abaissant l'art et en les poussant vers la misère. Il faut donc à l'avance leur ouvrir des voies nouvelles, disposer des étapes où les plus sages, en s'y arrêtant, trouveront honneur et profit. L'ordre naîtra ainsi de soi-même, et nous serons peut-être délivrés de ces myriades de productions avortées où, sous le nom de *genre*, les artistes cherchent le gain et la popularité. Alors la société des artistes se classera suivant ses aptitudes. Alors le décor architectural, la céramique, les tapisseries, la peinture sur verre, les meubles décoratifs, les tentures, les bronzes, l'orfèvrerie, la ferronnerie et d'autres arts puiseront mille ressources d'enseignement dans ce réservoir commun.

En ce qui concerne la céramique, les architectes, peintres et sculpteurs auront un enseignement pour ainsi dire fraternel où ils connaîtront chacun les règles et les principes de l'art décoratif, pour les appliquer en commun. Ils apprendront comment toute décoration doit être coordonnée; ils sauront ce qu'on appelle l'architecture d'un vase ou d'une pièce décorative; ils connaîtront la science des profils et sauront comment ils peuvent répondre aux sentiments divers de richesse, d'élégance et de gravité.

En céramique, l'art décoratif n'est pas, comme en architecture, soumis à des lois sévères qui s'interposent devant le caprice et l'imagination. Ici il y a liberté absolue; tout ne relève que du goût. Mais il y a cependant un code qui fait loi : c'est l'observation des règles éternelles de l'art; c'est la pureté des profils, la variété dans l'unité, l'opposition des effets, la symétrie, le parallélisme, les répétitions, les alternances, la division étudiée de l'espace, la variété d'échelle de l'ornementation, les écarts imprévus qui subjuguent l'attention, les dissonances qui étonnent et charment à la fois, et tant d'autres secrets de l'art qu'il est nécessaire d'enseigner.

Ces démonstrations esthétiques sont d'une analyse délicate; mais on peut y suppléer par l'étude pratique de l'ornementation. Il serait certainement facile de mettre sous les yeux des élèves les nombreux exemples qui existent depuis les âges les plus reculés jusqu'à nos jours. L'Inde, la Perse, l'Égypte, la Grèce, la Chine, l'art arabe, l'Italie de la Renaissance, l'art du moyen âge, et même l'art français, ne fournissent-ils pas d'innombrables sujets d'étude! Croit-on que l'artiste qui en serait profondément pénétré ne serait pas plus apte à produire une ornementation savoureuse, pour peu qu'il eût quelque étincelle du feu créateur? Voilà comment nous comprenons l'étude sur l'art décoratif; si plus tard, munis de cette forte instruction, les élèves sont dirigés vers la composition, s'ils peuvent dégager leur individualité de ce bagage et se livrer en toute liberté à leur imagination, il y a tout à espérer qu'ils comprendront quelle grande place doit tenir l'art décoratif dans notre société. Ils se rappelleront à quelle hauteur s'est élevé cet art sous Ducerceau, Lebrun, Lepaute, Marot et Blondel. Ils n'oublieront pas que ces maîtres font toujours la gloire de l'art français, et ils seront jaloux d'avoir leur place à côté de ces noms illustres.

Déjà le Ministre, dans sa sollicitude pour tout ce qui intéresse les arts, avait compris à l'avance les vœux de la Commission Sous l'habile et dévouée direction de l'éminent artiste placé à la tête de l'École des Beaux-Arts, une classe spéciale pour l'étude de l'art décoratif vient d'être organisée. Espérons qu'elle portera ses fruits et contribuera à régénérer notre art français, et que les heureuses qualités de notre tempérament national pourront s'y féconder.

Un dernier vœu que nous voudrions voir réalisé, c'est la création à l'École des Beaux-Arts d'une collection spéciale de types variés de l'art décoratif Ce petit musée serait l'appendice naturel des œuvres d'art qui servent à l'enseignement de l'École. Ainsi que cela a lieu au musée de Kensington, en Angleterre, les élèves y trouveraient sur le vif la démonstration des préceptes des professeurs. Nous revenons à l'école spéciale à établir à la manufacture de Sèvres.

On ne doit pas se dissimuler que les discours et les analyses ont, en général, peu d'influence sur les artistes. Pour ces natures qui ne vivent que par les yeux, il faut un autre langage. La pratique du dessin vaut mieux que toutes les conférences. Mais, pour pratiquer, il faut passer par certains exercices, et c'est là la grande difficulté pour des hommes arrivés au développement de leur talent. Quant à ceux-ci, il faut renoncer à les soumettre à des études fastidieuses pour opérer le changement d'une direction artistique. Retourner à des études élémentaires leur serait impossible. Aujourd'hui ils ne pourraient qu'être assistés des conseils d'un décorateur spécial.

Pour se soumettre à ces longs et pénibles exercices, il faut des natures plus jeunes, plus tendres et plus accessibles à l'enseignement. C'est dans ces conditions que la Commission pense qu'il est indispensable de créer une école à Sèvres.

Cette école se recruterait : 1° de très-jeunes élèves, enfants en quelque sorte de la Manufacture, qui recevraient un enseignement élémentaire gradué et pratique; 2° d'élèves d'un âge plus avancé, qui obtiendraient leur admission à la Manufacture par des concours et des examens. Cette école serait divisée en deux classes, l'une élémentaire, l'autre d'un degré supérieur, sous la direction d'un professeur. Le choix de ce professeur est très-important; il tient dans ses mains la semence de l'avenir.

Telles sont les propositions que croit devoir faire la Commission pour relever la direction artistique de la Manufacture et lui rendre une situation digne de son glorieux passé.

CHAPITRE VI.

PRIX DE SÈVRES.

Dans une de ses dernières séances, qui était consacrée à la question de l'éducation des artistes, la Commission a décidé que des formes nouvelles devaient être créées à Sèvres, et que certaines formes anciennes devaient être modifiées; mais il restait à indiquer les moyens à employer pour arriver au résultat désiré. La Commission a le devoir d'émettre ses idées à ce sujet.

Le concours est, de tous les moyens, le plus efficace; mais comment sera-t-il organisé? Les concurrents seront-ils pris parmi le artistes de la Manufacture, ou bien parmi les artistes du dehors; ou le concours sera-t il ouvert aux uns comme aux autres? L'artiste de Sèvres se livre à un travail peu stimulé par la rivalité, et, par ses habitudes sédentaires, il arrive à la monotonie et au défaut d'initiative. En revanche, il est soumis à une direction et a l'avantage de connaître les ressources de la Manufacture. L'artiste libre, d'un autre côté, vit constamment auprès du grand foyer des arts; il a l'imagination plus fertile et les impressions plus vives; mais il n'a pas une éducation technique suffisante, et puis il est à craindre que des compositions ainsi recueillies de côté et d'autre ne présentent pas cette unité qui doit constituer un art national.

Le système mixte pourrait être alors adopté ; il accueillerait simultanément les artistes sédentaires et les artistes du dehors.

La Commission fait observer que l'École des Beaux-Arts se trouve dans des conditions très-favorables à l'organisation de ce concours, depuis l'ouverture du cours d'art décoratif qui est dû à l'initiative de son directeur. Elle sait, d'autre part, avec quelle ardeur les jeunes architectes se portent au concours Rougevin. Elle pense donc que l'École possède tous les éléments nécessaires à la réussite de ce concours, qui serait librement ouvert à tous les artistes, à ceux du dehors comme à ceux de la Manufacture.

En conséquence, la Commission est unanime pour soumettre au Ministre le vœu qu'un concours national soit ouvert tous les ans, en lui donnant le caractère le plus élevé et toute l'extension possible.

« Le concours aura pour titre : *Prix de Sèvres.*

« L'œuvre couronnée sera exécutée dans l'année.

« Le vase prendra le nom de son auteur.

« Le premier exemplaire exécuté sera conservé à la Manufacture. »

M. le Directeur des Beaux-Arts, toujours désireux de favoriser les institutions qui peuvent apporter un nouvel éclat à notre art national, s'est empressé d'accueillir ce projet de la Commission et de le présenter à l'approbation du Ministre. Aujourd'hui, le programme de ce concours est formulé et a été publié officiellement pour qu'il ait son effet pendant le cours de l'année courante 1875.

CHAPITRE VII.

ORGANISATION DU MUSÉE DE SÈVRES.

Dans sa séance du 9 juin 1874, la Commission, réunie à Sèvres, a entendu les observations de M. l'Administrateur relativement à l'installation des bâtiments de la nouvelle Manufacture. Ce fonctionnaire exprima le désir que, tout en maintenant les idées qu'il avait précédemment émises sur la nécessité d'exposer les produits de la Manufacture dans des magasins dont la splendeur est à ses yeux de première nécessité, une modification fût apportée à ses premières propositions.

Il demanda que les galeries du premier étage du bâtiment d'exposition fussent partagées entre les magasins de vente et le Musée céramique. Comme conséquence de cette proposition, la portion de la collection céramique qui n'aurait pas pu trouver place au premier étage, au lieu d'être répartie dans le comble du second étage, serait placée dans la partie des salles du rez-de-chaussée correspondant à celle qui serait réservée au premier étage, de façon qu'au moyen d'un escalier, les deux parties du musée seraient réunies entre elles.

La première Commission reconnaissait qu'effectivement, dans l'intérêt de la Manufacture, il convient d'exposer les résultats de sa fabrication dans les conditions les plus favorables, et que, dans un établissement de l'ordre de celui-ci, les produits du passé ne peuvent primer d'une manière trop marquée ceux du présent et de l'avenir, et elle admettait la proposition de M. l'Administrateur, en priant M. le Ministre de vouloir bien l'accueillir.

Dans la séance du 7 septembre suivant, les propositions qui précèdent furent de nouveau examinées. La Commission entendit la lecture d'un rapport du conservateur du Musée céramique et elle reconnut les inconvénients de placer sur le même rang les produits actuels de la Manufacture et les pièces qui composent le Musée céramique. En principe, toute collection gagne à se développer logiquement sans solution de continuité. Il importe de ne pas disjoindre le Musée céramique et de ne voir pas aller de pair musée et magasin d'exposition.

La Commission recomposée a donc, à l'unanimité, émis le vœu que le Musée et le magasin occupent chacun un étage distinct de la nouvelle Manufacture, dans les conditions les plus convenables.

Diverses propositions venues à la suite, parmi lesquelles était celle de consacrer une annexe du Musée aux anciens produits de Sèvres, peuvent trouver une entière satisfaction, malgré la division proposée.

Au premier étage, la salle centrale deviendrait une espèce de tribune et une pièce d'honneur consacrée à une exposition historique des produits les plus remarquables de la Manufacture jusqu'à nos jours.

Sur la question du rangement du Musée céramique, la Commission, tout en se préoccupant de le classer au point de vue esthétique, a reconnu néanmoins qu'il y avait grand intérêt à ne pas trop sacrifier l'ordre technologique qui existe aujourd'hui suivant la classification du savant Brongniart et qui est une source d'enseignement pour l'étude de la céramique. Mais il a été reconnu qu'un classement intelligent pourrait donner à la fois satisfaction à cette double pensée et qu'il serait facile d'adopter un classement respectant à la fois l'ordre esthétique et l'ordre technologique, en mettant aussi dans un lieu honorable les dons faits au Musée.

La Commission a remarqué ensuite que la direction technologique du Musée, qui avait dominé à l'origine de sa fondation, laissait bien des lacunes au point de vue esthétique. Bien des pièces de l'art chinois, japonais et persan, si intéressantes par leur décoration, font absolument défaut dans cette précieuse collection; or il ne faut pas oublier que c'est surtout de ce côté que doivent se diriger les efforts de la Manufacture. La Commission exprime donc le vœu que des achats répondant à l'idée esthétique viennent combler successivement ces lacunes.

M. le Conservateur, interrogé à ce sujet sur les ressources de l'établissement pour répondre à ce vœu, a fait connaître que, sur la somme de 3,000 francs consacrée annuellement à des reliures et à l'entretien des dessins, il ne restait qu'une somme insignifiante nullement en rapport avec le haut prix des pièces à désirer. La Commission fut alors unanime pour demander qu'une plus large subvention fût sollicitée pour enrichir le Musée au point de vue esthétique.

Tous ces vœux sont réunis dans le résumé suivant :

1° Le Musée et le magasin ne doivent pas aller de pair; le Musée devra occuper un étage entier, quel qu'il soit ;

2° Le mode de classement devra respecter l'ordre technologique, tout en mettant dans une vive lumière l'ordre esthétique et en tenant compte des présents offerts à la Manufacture ;

3° Une annexe sera consacrée à l'exposition historique des produits les plus remarquables de la Manufacture ;

4° Une augmentation de l'allocation du Musée est nécessaire; l'allocation telle qu'elle est doit être appliquée seulement, pour le moment du moins, à l'achat des pièces qui répondent le mieux à la direction esthétique.

Enfin, comme partie complémentaire et indispensable pour l'organisation du Musée céramique, la Commission émet le vœu qu'une salle soit disposée avec une installation spéciale à côté de la bibliothèque et des dessins qu'elle renferme, afin de favoriser les travaux que les artistes du dehors viendraient y faire pour l'étude de la céramique. Elle ajoute que des pièces du Musée pourraient y être exposées, sur leur demande, pour faciliter leurs sujets d'étude.

CHAPITRE VIII.

DIRECTION.

Nous arrivons à l'examen d'une question délicate et difficile à résoudre : celle de la direction de l'art à la Manufacture.

La Commission s'est occupée des formes, des couleurs, de la fabrication ; doit-elle aussi s'occuper des moyens d'exécution, et cette mission est-elle dans son rôle ? La Commission ne le pense pas ; elle peut peut-être imprimer elle-même toute une direction d'art, autant par l'expression de ses vœux que par l'examen des projets. Elle estime que, pour une grande part, cette direction ressortira de la lecture de ce rapport.

La mission de la Commission est d'examiner les produits de la Manufacture exposés cette année, de donner son opinion et ses avis sur ces œuvres et d'indiquer les réformes à introduire au double point de vue de l'art et de la fabrication. Là doit se borner son travail ; si le Ministre désire avoir son opinion sur la direction d'art, il la réunira de nouveau pour étudier cette question.

Toutefois et à l'avance, le Ministre pourrait être instruit de ce qui est réalisable. La Commission, en exerçant son examen et son jugement sur la forme et le décor des travaux de la Manufacture de Sèvres, n'entend pas confondre cette action avec celle de la direction. Elle pense que cette direction, de tous les instants, se sépare entièrement du rôle supérieur qui lui serait attribué par une inspection générale.

L'initiative dans les travaux d'art, après une éducation bien préparée, appartient toujours à l'individualité. Les commissions sont impuissantes à créer; elles ne peuvent que critiquer ou approuver. En bornant même à ces deux effets l'action d'une commission, la tâche serait bien assez difficile à remplir. Personne n'ignore comment, par l'action complexe de plusieurs individus séparés souvent par leur goût et leur tempérament, on arrive presque toujours, par des concessions mutuelles, à des résultats incolores et sans accent. La responsabilité qui se divise est impersonnelle et absente; l'ambition du succès ou la crainte du blâme n'existent plus et on se contente d'un compromis qui ne blesse personne.

La Commission pense donc ne devoir exercer son action qu'à des intervalles distancés et dans une sphère supérieure, mais non par des consultations rapprochées qui auraient pour but de n'entreprendre des travaux que sur des approbations préalables et successives. De cette manière, la direction et la Commission ne feraient qu'un; il paraît impossible qu'il en soit ainsi. Sous ces réserves, la Commission se tient entièrement à la disposition de M. le Ministre pour répondre ultérieurement à la confiance qu'il voudrait bien lui accorder.

CHAPITRE IX.

CONCLUSION.

Nous ne voulons pas terminer ce long rapport, Monsieur le Ministre, sans une courte conclusion qui soit l'expression résumée des impressions, des vœux et des conseils de la Commission.

La Manufacture de Sèvres possède dans son sein tous les éléments nécessaires pour la maintenir au niveau de sa réputation européenne.

La fabrication est supérieure.

La science est arrivée à un haut degré de perfection et peut fournir tous les éléments auxiliaires de la fabrication céramique sous le double rapport de la matière, des émaux et des couleurs; mais elle doit faire de nouveaux efforts pour l'avenir.

Les artistes ont, la plupart, une virtuosité qui ne peut être surpassée.

Ils possèdent presque tous ces qualités naturelles de goût, de grâce et de délicatesse qui sont l'apanage de notre tempérament national.

L'éducation et l'instruction seules manquent à cet ensemble de brillantes qualités. Il y a beaucoup à faire dans ce sens.

S'instruire par une lente éducation commencée dans un âge tendre; étudier tous les trésors de l'art du passé, à quelque âge ou à quelque pays qu'ils appartiennent, les dessiner et s'en pénétrer pour trouver ensuite sa propre originalité, voilà le but auquel doit tendre promptement la Manufacture et qui la replacera, nous en sommes convaincus, au haut rang de célébrité qu'elle a toujours tenu dans l'opinion de toutes les nations.

Veuillez agréer, je vous prie, Monsieur le Ministre, l'expression de mes sentiments les plus respectueux.

Le Rapporteur de la Commission, Membre de l'Institut.

Signé DUC.

ANNEXE A.

COMMISSION DE PERFECTIONNEMENT

DE LA MANUFACTURE NATIONALE DE SÈVRES.

Extrait des procès-verbaux des séances des 21 et 28 novembre 1874, tenues à l'exposition des Manufactures nationales, au Palais des Champs-Élysées.

Présidence de M. Guillaume, Membre de l'Institut.

La Commission commence le travail d'examen demandé par M. le Président et émet successivement les avis suivants sur les objets qui figurent à l'exposition :

N° 1. — Vase de Fulvy (modèle de fabrication ancienne de la Manufacture), fond marbré, par M. Bastide.

Le vase est sans harmonie. M. l'Administrateur explique que c'est une reproduction exacte d'un modèle exécuté sous Louis XV; il ne se propose pas du reste de le recommencer.

N° 2. — Vase AB rectifié, 1re grandeur. «Génies des arts et des sciences», composition et peinture de M. Barriat, dorure de M. Réjoux.

Les éléments de décoration sont disséminés et laissent de l'incertitude, les étoiles ne sont pas heureuses.

N° 3. — Vase cordelier, 1re grandeur, coulé par M. Delacour, décor de plantes, feuillages et ornements, composé et peint en bleu, sous couverte, rehaussé d'or, par Ch. Ficquenet.

A encourager, avec réserve pour les feuilles des culots.

N° 4. — Vase cordelier, 1re grandeur, coulé par M. Delacour, fond bleu lapis, monture en bronze par M. Barré, d'après les modèles de M. Larue.

A encourager.

N° 5. — VASE POTICHE MODIFIÉ AB, 1re grandeur, fond gris de platine sous couverte, fleurs et ornements en pâte d'application, par M. Célos, peint en bleu au grand feu par M. Cabau, dorure de M. J. Mallion.

A encourager. — Un membre demande que l'on mette plus de discrétion dans les entourages des feuilles. M. l'Administrateur de la Manufacture répond que cet entourage est intentionnel.

N° 9. — VASE DE NISMES (forme de M. Diéterle), raisins et glycines, composition et peinture de M. Bulot, dorure de M. Réjoux.

Les anses sont trop grêles. La décoration en spirale n'est pas bien ordonnée. Le vase est réservé à cause de la forme générale seulement.

N° 11. — DEUX VASES BALUSTRE TORCHÈRE, 1re grandeur (forme Peyre), fond brun violacé, fleurs et oiseaux rehaussés d'or, peints par MM. Mérigot et Lambert.

La décoration manque un peu de relief, d'éclat et de brillant.

N° 12. — DEUX VASES TORCHÈRE (forme Peyre), fond jaspé bleu et vert par M. Bastide, fleurs peintes en bleu au grand feu, rehaussées d'or, par M. Cabau.

La forme n'est pas recommandable. Accepté néanmoins à cause des couleurs, qui sont très-jolies et nouvelles.

N° 13. — VASE DUPLESSIS, moulé et réparé par M. Couturier, ornements en relief par M. Briffaut, fond jaspé bleu et vert au grand feu par M. Bastide, dorure de M. Derichsweiler.

Le bleu jaspé est une imitation du marbre; ce genre ne doit être qu'une exception.

L'aspect jaspé a été obtenu au moyen d'une peinture revêtue d'un vernis; en Chine, ce sont les couvertes sur pâte qui sont employées. Sèvres a procédé par équivalents, aussi l'apparence seule a-t-elle été réalisée. La Commission émet le vœu que, pour obtenir les jaspes et les marbres, la Manufacture renonce à la peinture vernissée et qu'elle cherche à employer d'autres procédés, notamment les couvertes translucides des Chinois.

N° 14. — VASE CYLINDROÏDE, 1re grandeur (forme de M. Nicolle), fond jaune sous couverte, enfants, fleurs et papillons, composition et peinture de M. Barriat, dorure de M. Réjoux.

A proscrire.

N° 16. — DEUX VASES BERTIN, 1re grandeur, fond céladon sous couverte, paons et fleurs en pâte d'application, par M. Gély.

Le ton est un peu uniforme. — Approbation sous réserve des applications; on pourrait y introduire quelques motifs en or.

N° 17. — Deux vases Rimini, 1re grandeur (forme de M. Diéterle), fond bleu lapis au grand feu, décor vert et or, peint par M. Blanchard.

Le décor est lourd, le rinceau n'est pas heureux. Le principe de la division n'est pas exprimé; il faudrait une bande ou un galon. M. l'Administrateur de la Manufacture fait remarquer que le vase présente une décoration sur gros bleu qui constitue une nouveauté. Pour ce motif, la Commission classe la pièce dans la réserve.

N° 18. — Vase de Rimini, fond sous couverte. *Diane chasseresse*, d'après Jean Goujon; exécuté en pâte d'application par F. Régnier, dorure de M. Blanchard.

A encourager.

N° 25. — Deux vases potiches n° 2 (forme Peyre), oiseaux, digitale et houblon en pâtes d'application, par M. Gély, décoration et dorure par M. Charpentier.

A reproduire avec éloges.

N° 26. — Deux vases potiches modifiés AB (forme Peyre), fond blanc vermiculé, décor de vigne vierge, houblon, blé, avoine et papillons en pâtes d'application, composition et exécution de Ch. Ficquenet, dorure de M. Bonnuit.

A l'unanimité, à reproduire.

N° 27. — Deux vases de Rhodes (forme de M. Nicolle). « La Géographie et l'Histoire », composition et peinture de M. Barriat, dorure de M. Réjoux.

Non réservé à cause de la forme, qui ne doit plus être répétée.

N° 28. — Deux vases Socibius rectifiés, fond sous couverte. « Courses de chevaux », en pâtes d'application, par F. Régnier, décoration et dorure de M. David.

Le vase n'a pas été réservé. La révision est demandée; le vase sera réservé non en tant que pièce d'exposition, mais à cause du principe de division de l'espace qui a été judicieusement appliqué.

N° 30. — Vase Socibius, fond sous couverte. « Les douze mois », figures en pâtes incrustées, composées et exécutées par M. Forgeot, dorure de M. David.

M. l'Administrateur de la Manufacture dit qu'il a envoyé ce vase à l'exposition à cause du principe de la silhouette sur un géométral et du double trait noir et or qui cerne les figures. La Commission ne condamne pas le principe du trait noir, mais elle n'admet pas le double trait qui détruit la forme; le vase n'est pas classé dans la réserve à cause du peu de mérite de l'exécution.

N° 32. — Deux vases Clodion A, fond jaspé sous couverte. « Les quatre saisons », composition exécutée en pâte d'application par M. Gobert, dorure de M. Réjoux.

A encourager.

N° 33. — Vase Clodion A. « La guerre », figures et ornements composés et exécutés en pâte d'application par M. Solon, dorure de M. David.

A encourager.

N° 36. — Vase Clodion A, fond sous couverte. « La marguerite » et quatre médaillons figures d'enfants; composition exécutée en pâtes d'application par M. Solon; dorure de M. Blanchard.

A encourager.

N° 44. — Vase coupe ovale Renard, fond bleu lapis, monture en bronze, exécuté d'après les modèles de M. Briffaut, sur la composition de M. E. Renard.

La monture n'est pas bonne.

N° 46. — Vase de Salamine, oiseaux et fleurs en pâtes d'application, composition et exécution de M. P. Avisse.

A encourager.

N° 50. — Deux vases bouteille, anses lézards, modèle composé et exécuté par M. Lambert, sculpteur; dorure de M. David.

A encourager.

N° 53. — Vase caisse à fleurs (forme Peyre). « La lumière et la nuit », peinture de M. Goupil, d'après les dessins de M. Froment.

M. l'Administrateur de la Manufacture explique qu'il a laissé à l'artiste toute liberté pour exécuter sa pensée. La Commission repousse ce genre, à l'unanimité.

N° 54. — Vase de même forme, oiseaux et sorbier en pâtes d'application sur fond jaune, composition et exécution de M. Avisse.

A reproduire, classé avec éloges.

N° 57. — Deux vases Clodion à têtes de satyres, fond sous couverte, oiseaux, fleurs et insectes en pâtes d'application, par M. Gély; dorure de M. Hallion.

Le ton est un peu uniforme. — Approbation sous réserve des applications. — A reproduire en petites pièces.

N° 60. Deux vases chinois, modèle composé et exécuté par M. Lambert, sculpteur; dorure de M. Derichsweiler.

A encourager.

N° 67. — Vase Diéterle, fleurs en or chinois sur fond bleu lapis, par M. Cabau.

Classé dans la réserve avec éloges.

N° 68. — Coupe de Marathon, fond sous couverte, composée et exécutée par M. Larue, sculpteur; décoration et dorure de M. David.

Le modèle doit être mis à l'écart.

N° 69. — Coupe de Rivoli (forme Peyre), fond sous couverte. « La terre et l'eau », composition exécutée en pâtes d'application par M. Dammouse, dorure de M. Derichsweiler.

Classé dans la réserve avec éloges.

N° 71. — Cuve ovale Ducerceau, fond sous couverte. « Chasses », compositions exécutées en pâtes d'application par M. Dammouse.

La forme est très-bonne; on pourrait supprimer la tête de lion et améliorer le décor et le détail.

N° 74. — Jardinière rocaille (forme Peyre), fond sous couverte. « Poules et poulets, canards », cartels exécutés en pâte d'application par M. Gély, dorure de M. Réjoux.

Le paysage n'est pas compris. — La forme est convenable.

N° 75. — Projet de jardinière. « Ronde d'enfants, » fond sous couverte rose changeant, composé et exécuté par M. Larue.

Classé dans la réserve.

N° 75 *bis*. — Jatte indienne (forme de M. Nicolle), fond sous couverte, fleurs, plantes et insectes en pâtes d'application, exécutés par M. P. Avisse; dorure de M. P. Hallion; pied en bronze exécuté d'après les modèles de M. Roget, sculpteur.

Classé dans la réserve avec éloges.

N° 76. — Jatte chinoise de 1865 (forme Peyre). Roses peintes par M. Emile Richard, décoration et dorure de M. Bonnuit.

La jatte n'a pas été réservée. — Il n'y a pas d'idée dans la décoration. — Le genre doit être proscrit.

N° 77. — Jatte chinoise (forme Peyre). Fleurs, ornements et dorure, par M. F. Richard.

Trop de naturel dans les fleurs, monture lourde.

N° 79. — Jatte du musée (forme Peyre). Fleurs et feuillages sur fond au demi-grand feu, par M. Cabau; dorure de M. Bonnuit.

Classée dans la réserve à cause de la décoration; mais les fleurs sont trop prises au naturel et les éléments du décor trop différents.

N° 80. — Jatte de même forme, fond sous couverte, dauphins et fleurs en pâtes d'application; exécutée par M. Optat Milet, d'après les dessins de M. P. Avisse; dorure de M. David.

A encourager.

N° 81. — QUATRE JATTES CHINOISES, émaillées à jour, décoration et dorure de M. Charpentier.

Les parties émaillées et à jour ne doivent pas recevoir de coloration.

N° 89. — DEUX VASES PARIS, fond bleu de roi. « L'étude et la récréation », cartels composés et peints par Mme Apoil, dorure de M. Réjoux.

Le principe des médaillons-tableaux doit être absolument proscrit.

N° 90. — VASE PARIS. « L'aurore », composition et peinture de Mme Apoil.

Le vase n'a pas été classé dans la réserve; plusieurs membres pensent qu'il y a doute et demandent la révision. La Commission vote que le vase sera classé dans la réserve à cause de la perfection du travail, mais elle fait toutes ses réserves pour le genre, qui ne lui semble pas devoir servir de type et de modèle. Classé aussi en considération de la matière et du mode de décor qui convient à la pâte tendre.

N° 92. — DEUX VASES PARIS, fond bleu de roi, décor à lambrequins en émaux, relief et or, composé et peint par M. Goddé.

Beauté de la fabrication, mais réservé pour la décoration.

N° 93. — VASE PARIS, fond bleu turquoise vermiculé, fleurs et papillons en émaux, relief, par M. Goddé.

A l'unanimité, la Commission approuve cette pièce, qui est excellente sous tous les rapports. Ce genre mérite d'être encouragé et reproduit.

N° 94. — VASE PARIS. Fleurs de fuchsia sur fond blanc vermiculé et ornements en émaux, relief et or, composés et peints par M. Goddé.

A encourager avec éloges.

N° 101. — DEUX VASES CLODION, fond turquoise, décor en émaux, relief et or, par M. Goddé.

A reproduire.

N° 104. — DEUX VASES CHINOIS LY, 3e grandeur, décor en émail bleu, relief et or, sur fond turquoise, par M. Guillemain (procédé de M. Goddé).

A encourager.

N° 108. — DEUX VASES, TASSE À LA REINE, décorations variées, exécutées en émaux relief par M. Guillemain (procédé de M. Goddé).

A reproduire. — Approbation pour le fond blanc.

N° 109. — Deux vases forme calice. Figures allégoriques, « Les saisons » et ornements, composés et exécutés par M. Gobert; émaillage de M. Philipp.

A encourager avec éloges.

N° 112. — Buire forme italienne du xvie siècle. « Les Amazones, » figures et ornements composés et exécutés par Gobert; émaillage de M. Philipp.

A encourager avec éloges.

N° 113. — Coupe, composée et exécutée par M. Gobert; émaillage de M. Philipp; pied en fer et en argent, par M. Dufraisne.

A encourager avec éloges.

N° 156. — Deux vases chinois Ly, 2e grandeur, fond jaune, demi-grand feu, fleurs en relief.

A reproduire.

N° 157. — Deux vases E (en). Décor et figures.

A encourager.

N° 159. — Vase bouteille persane, premier fond vert, ornements en pâte d'application, décor en or, par M. Optat Millet.

Classé dans la réserve à cause de la fabrication, mais non pour la forme.

N° 160. — Deux vases Bertin A, fond sous couverte, décor en or, branches de fleurs et papillons en pâte d'application.

Accepté avec réserve pour les médaillons, considérés comme lourds.

N° 163. — Deux vases du Prince Impérial, fond sous couverte, décor en or, oiseaux, fleurs et papillons en pâte d'application.

A reproduire.

N° 169. — Coupe Diéterle, réticulés fond vert, décor en or et médaillon.

Classé dans la réserve pour la forme seulement.

N° 191. — Deux porte-flacons, Dammouse, décor en or et fleurs.

Exclu à cause de la décoration.

N° 194. — Deux vases annelés, deuxième vermiculé or et fleurs, turquoises, décor de M. Goddé.

A encourager.

ANNEXE B.

COMMISSION DE PERFECTIONNEMENT

DE LA MANUFACTURE NATIONALE DE SÈVRES.

Extrait du procès-verbal de la séance du 16 février 1875.

Présidence de M. Guillaume, Membre de l'Institut.

M. le Président. La Commission est appelée à examiner les projets de travaux qui lui sont présentés.

Les projets peuvent se diviser ainsi :

Projets en dessin;

Projets de formes nouvelles, en plastique;

Projets de décoration sur des formes acceptées en blanc par la Commission;

Échantillons d'assiettes.

La Commission commence l'examen des dessins.

Elle décide qu'à la prochaine séance tous les dessins anciens et nouveaux lui seront représentés.

Elle examine néanmoins d'urgence un projet de vase pour le palais des Archives nationales et un autre projet d'un grand vase forme chinoise, marqué 146; elle indique divers changements qui pourraient être introduits dans ces formes.

Les projets de vases destinés à être offerts en présents aux membres de diverses commissions sont aussi examinés; la Commission demande des modifications profondes aux vases A, B, C; elle accepte la coupe n° 36, qui doit être tournée en plâtre et présentée à nouveau.

La Commission passe à l'examen des formes nouvelles présentées en plastique.

Elle se prononce comme il suit :

N°s 3 et 4. — COUPE D'APRÈS UN MODÈLE DU MUSÉE DU LOUVRE. *Abaisser les têtes et les faire participer de la décoration générale, augmenter le culot et diminuer le couvercle, ou réciproquement.*

N° 5. — COUPE EN BLANC. *Le couvercle est trop affaissé vers le centre; le bouton est à modifier totalement.*

COUPE *dite* HIPPIQUE. *Adoptée avec un léger dégagement du cercle au haut de la jambe; les anses devront être étudiées à nouveau.*

Ces quatre modèles en plastique seront représentés à la Commission après modification.

OBSERVATIONS SUR LES PROJETS DE DÉCORATION APPLIQUÉS À DES VASES REÇUS EN BLANC.

VASE POTICHE AB, 2e grandeur (n° 6). *Rehausser le départ du terrain, mettre les végétations en rapport avec les animaux, modifier l'emmanchement des herbes, supprimer la décoration du col, mettre au col une bande correspondant à celle du bas.*

VASE POTICHE AB, 2e grandeur (n° 7). *Trop de maigreur dans la décoration; remonter plus haut sur la panse la figure; ce vase devra être soumis à une nouvelle étude.*

VASE CORNET à exécuter en pâte sur pâte. *Oter aux nuages ce qu'il y a de trop naturel.*

La Commission regrette qu'il n'ait pas été tenu compte des profils du vase.

VASE DE SALAMINE (n° 11). *Le côté en camaïeu est accepté; le côté opposé formerait une bonne composition si ce vase devait être décoré au moyen des émaux ou au moins en pâte sur pâte; mais comme dans le projet la décoration doit être picturale, elle ne sera plus qu'une sorte d'imitation des décors chinois sans en avoir l'esprit et la valeur.*

VASE D'ENTRECOLLE 2° (n° 1). *Supprimer l'hirondelle du haut; les hirondelles du bas sont placées trop bas.*

Sont adoptés les projets :

N° 12. — VASE BOUTEILLE PERSANE.

N° 13. — VASE À DOUBLE CULOT.

N° 14. — VASE ÉGLANTIER. *Changer la coloration du pied.*

N° 16. — VASE ANTIQUE CHINOIS. *Ajouter un ornement.*

N° 17. — VASE COLIN.

N° 18. — VASE CORNET, de 25 centimètres.

N° 19. — VASE DELHY, 2e grandeur.

N° 20. — VASE BRANCAS.

N° 22. — Vase potiche ovoïde allongé. *Le bas est trop nu; le médaillon rouge n'est pas adopté, l'autre est admis.*

N° 24. — Vase potiche ovoïde.

N° 25. — Vase Boizot à anses.

N° 26. — Vase bouteille mince. *Le côté du grand médaillon est admis, l'autre côté n'est pas adopté.*

N° 27. — Vase Clodion A, à anses.

N° 29. — Vase Paris, 2ᵉ grandeur, pâte tendre.

N° 30. — Vase annelé, 2ᵉ grandeur, pâte tendre.

N° 31. — Vase Boizot, pâte d'application; le décorer en camïeu.

N° 32. — Vase Boizot. *Changer le motif du petit médaillon; l'autre médaillon est trop lourd.*

N° 33. — Vase Boizot. *Trop chargé.*

La Commission fait remarquer que dans les pièces ci-dessus, du n° 12 au n° 33, l'absence de décoration dans le bas du vase se fait trop sentir.

La Commission examine avec satisfaction le vase Boizot, le vase Ly, le vase antique chinois, décorés par M. Gély; elle espère qu'un grand développement sera donné à ce genre de décoration.

Sont éliminés les projets de décoration suivants :

N° 9. — Vase cornet, de 60 centimètres.

N° 10. — Carafe étrusque, 1ʳᵉ grandeur.

N° 1. — Le service à café mince, composé de six pièces.

N° 5. — Les deux tasses et soucoupes à thé calabre, les pièces.

N° 15. — Vase chinois G. Yeo.

N° 21. — Vase tubulaire.

N° 23. — Vase oviforme.

N° 28. — Vase E, pâte tendre, fond bleu.

La décoration du vase n° 17 Clodion, à anse, est adoptée en principe; mais la composition n'étant pas suffisamment indiquée, le vase sera présenté à nouveau à la Commission.

La Commission examine les échantillons d'assiettes.

Elle accepte : les assiettes plates Duplessis nᵒˢ 34, 36, 37, 40 *bis*, 41, 44, 47; les assiettes plates ordinaires nᵒˢ 38, 39, 43; l'assiette réticulée n° 49.

Elle élimine les assiettes plates Duplessis nᵒˢ 32, 33, 40, 42, 45, 46 et 48.

ANNEXE C.

COMMISSION DE PERFECTIONNEMENT

DE LA MANUFACTURE NATIONALE DE SÈVRES.

Extrait du procès-verbal de la séance du 19 mars 1875.

Présidence de M. Guillaume, Membre de l'Institut.

M. le Président invite la Commission à passer à l'examen des projets de travaux.

Sont acceptées en blanc :

La coupe en plâtre dont le dessin avait été présenté à la précédente séance.

La coupe d'après un modèle du musée du Louvre.

Étudier à nouveau le modèle des anses de la coupe *dite* hippique.

Sont acceptés avec modifications les projets de décoration qui suivent :

Potiche ovoïde AB, 2e grandeur (décoration peinte). *Un peu plus de richesse et de développement au collier; remonter un peu la figure de l'enfant; un rayonnement au pied du vase.*

Potiche ovoïde AB, 3e grandeur (décoration peinte). *La décoration du col est trop maigre, l'enrichir de quelques brindilles; supprimer la partie de la décoration qui affecte le goût oriental; remonter d'une demi-tête la figure de femme qui forme la décoration principale; supprimer les figures des anges, que rien ne motive.*

Vase Berton A. Ce vase comporte un profil différent sur chacune de ses faces. *Le projet qui consiste dans un décor de grandes feuilles de couleur lilas est seul accepté, avec les modifications suivantes, à savoir : diminuer les dentelures ainsi que les grandes feuilles, qui sont trop larges, rehausser l'ensemble de la décoration par quelques applications d'or.*

Vase potiche ovoïde AB, devant être exécuté en vermiculé. *Donner un peu plus de valeur à l'oiseau et moins de chevelure aux épis.*

VASE CYLINDROÏDE, 1re grandeur. L'examen de ce vase donne lieu à de nombreuses observations. M. l'Administrateur de la Manufacture demande à utiliser le travail fait. En raison de ce désir et de l'importance du projet, M. le Président invite les membres de la Commission à présenter successivement leurs remarques.

Il résulte de la délibération :

1° *Qu'il n'y a pas lieu de mettre quatre anses au lieu des deux qui existent dans le vase dont la forme a été précédemment acceptée;*

2° *Qu'il convient de donner un parti plus franc aux figures, dont la composition est bonne, du reste;*

3° *Que le pied est d'une tonalité trop faible par rapport au ton du col, dont la valeur comme décoration a un accent qui satisfait la Commission;*

4° *Qu'en raison du pied, dont la forme est faible, il convient de mettre au bas de la panse une bande qui par sa valeur ajouterait à l'importance du pied; cette bande pourrait être rappelée à la partie supérieure de la panse;*

5° *Que les inscriptions en spirale fuyante doivent être supprimées, ainsi que les petits ornements, étoiles et dentelures, qui n'ajoutent rien à la décoration générale:*

6° *Que les inscriptions pourraient être placées dans les bandes.*

VASE DE LA VENDANGE. M. l'Administrateur fait remarquer que le projet a été conçu librement par l'artiste, auquel aucun programme n'a été donné. La Commission, à l'unanimité, n'accepte pas le projet.

Dessin d'un grand vase décoré en bleu.

L'aspect général est satisfaisant, mais la composition manque d'harmonie; la Commission pense qu'il faudrait supprimer la fleur du haut et la remplacer par une autre fleur se rapprochant par sa forme de celle des clochettes qui sont au bas; supprimer également ou du moins amoindrir les feuilles sur le profil; en résumé, moins de réalisme dans les végétations qui sont au pied du vase et moins de convention dans celles de la partie supérieure. Le vase sera soumis à un nouvel examen sur relief.

BISCUITS. La Commission examine deux projets de sculpture en biscuit, qui ne sont pas adoptés.

ANNEXE D.

COMMISSION DE PERFECTIONNEMENT

DE LA MANUFACTURE NATIONALE DE SÈVRES.

EXTRAIT DU PROCÈS-VERBAL de la séance du 7 décembre 1874.

Présidence de M. GUILLAUME, Membre de l'Institut.

La Commission procède à l'examen des produits en blanc.

SONT ACCEPTÉES LES PIÈCES SUIVANTES :

Vase cornet, de 60 centimètres.
Vase cornet, de 40 centimètres.
Vase cornet, de 30 centimètres.
Vase cornet, de 25 centimètres.
Vase Bertin, 2e grandeur.
Vase Bertin, 3e grandeur.
Vase œuf, baquet.
Vase œuf, 1819.
Vase carafe persane, 1re grandeur.
Vase vénitien, 1re grandeur.
Vase Delhy, 1re grandeur.
Vase Delhy, 2e grandeur.
Vase Delhy, 3e grandeur.
Vase potiche de Saint-Cloud.
Vase carafe à collier, 2e grandeur.
Vase antique chinois.
Vase oviforme de M. Nicolle.

Vase Boizot garni.
Vase cylindrique à anneaux.
Vase Brancas.
Vase grec cylindroïde.
Vase gobelet.
Vase chinois F.
Vase chinois Ly, 3e grandeur.
Vase à bracelet.
Vase Yézo.
Vase anse lézard Lambert.
Vase de Lesbos à anse, 2e grandeur.
Vase étrusque de Naples.
Vase ovoïde tronqué.
Vase églantier.
Vase à double culot.
Vase Turpin sans anse, uni.
Vase cache-pot Briffaut, garni.
Vase cache-pot Briffaut, non garni.
Vase campaniforme.
Vase Lancel.
Vase calice en deux parties.
Vase tubulaire.
Vase de Mysore.
Vase console garni.
Vase console non garni.
Vase tulipe.
Vidrecome.
Écuelle Boizot et soucoupe.
Écuelle A B et soucoupe.
Écuelle à bouillon Régnier et soucoupe.
Jatte du Déjeuner Brongniart.
Jatte à laver Peyre, 1re grandeur.
Jatte à laver Peyre, 2e grandeur.
Jatte chinoise, 1re grandeur.
Jatte à lait hémisphérique.
Coupe vénitienne, garnie.
Coupe de Tarente, 1re grandeur
Coupe de Tarente, 2e grandeur.
Coupe d'Urbino, 1re grandeur.

Coupe d'Urbino, 2e grandeur.
Coupe tête de lion.
Coupe à dragées.
Coupe de Suze.
Coupe de Henri II, unie.
Coupe bijou P. Avisse.
Coupe pour pendule, à anses.
Écritoire jatte B.
Coquille à manche.
Coquille de 1873.
Vide-poche découpé.
Vide-poche non découpé.
Coffret découpé.
Zarph réticulée.
Corbeille triangulaire.
Vase Fokin.
Vase Canton.
Vase Nankin.
Vase Pékin.
Vase de Damas.
Vase lancette.
Vase bouteille mince.
Vase potiche allongé.
Vase potiche ovoïde.
Vase indien.
Vase persan.
Vase à roses, 1re grandeur.
Vase à roses, 3e grandeur.
Service à café turc, complet.
Service à café mince, coulé, uni, complet.
Service à café chinois, réticulé, complet.
Service à café Peyre, 1re grandeur, complet.
Service à café Peyre, 2e grandeur, complet.
Service à déjeuner, coupe, complet.
Service à thé Peyre, 1re grandeur, complet.
Service à thé Peyre, 2e grandeur, complet.
Service à thé armillaire, complet.
Service à thé chinois, réticulé, complet.
Service à thé calabre, complet.

Service à thé Dimère, complet.
Tasses et soucoupes litron, 4e grandeur.
Tasses et soucoupes hessoises à godrons.
Tasses et soucoupes calabres.
Tasses et soucoupes litron, 2e grandeur.
Tasses et soucoupes ovoïdes, 1862.
Tasses et soucoupes calice. 1862.
Tasses et soucoupes quatrilobées.
Tasses et soucoupes Saïd.
Tasses et soucoupes d'enfant.
Tasses et soucoupes quatrilobées, sans anse.
Tasses et soucoupes à thé Fragonard, anse riche.
Tasses et soucoupes ovoïdes.
Tasses et soucoupes Saxe, 1re grandeur.
Tasses et soucoupes Saxe, 2e grandeur.
Tasses et soucoupes Fragonard.
Tasses et soucoupes Peyre, à godrons.
Tasses et soucoupes réticulées, sans anse.
Tasses et soucoupes persanes, 1re grandeur.
Tasses et soucoupes chinoises, minces.
Tasses et soucoupes à chocolat, ovoïdes.
Tasses et soucoupes calabres.
Tasses et soucoupes du Déjeuner de Fontainebleau.
Tasses et soucoupes du Déjeuner de l'Empereur.
Tasse du jeu de six.
Tasse pour zarph.
Tasse à lait de l'Empereur.
Tasse à café ovoïde, nouvelle.

NE SONT PAS ACCEPTÉES LES PIÈCES SUIVANTES :

Vase Adélaïde, 1re grandeur.
Vase étrusque à rouleau, 2e grandeur.
Vase ovoïde ouvert, 1re grandeur.
Vase de la Malmaison.
Vase feuille d'eau.
Vase fuseau rectifié, 1869.
Vase Clodion, bas-relief.
Vase Médicis, 4e grandeur.

Vase poire renversée.
Vase buire de M. Nicolle.
Vase *dit* du Prince Impérial.
Vase Sylène.
Vase balustre à dauphin.
Vase bijou.
Coupe d'Hercule.
Coupe de la Renaissance.
Coupe de Venise coulée.
Coupe réticulée, pied dauphin.
Coupe à côte de melon, 2e grandeur.
Jatte octogone 1846.
Jatte chinoise à pans Leloy.
Service à déjeuner octogone, complet.
Service à déjeuner A B, 1840, complet.
Tasse et soucoupe à la reine, ornées.
Tasse et soucoupe à thé, coupes à perles.
Tasse et soucoupe à thé, coupes 2e grandeur.
Tasse et soucoupe chinoises, Chenavard.
Tasse et soucoupe à chocolat, calice.
Tasse et soucoupe à déjeuner, coupe.
Tasse et soucoupe à chocolat Régnier.
Tasse et soucoupe du Déjeuner de François Ier.
Tasse et soucoupe à café hessoises.
Tasse et soucoupe à café chinoises, non découpées.
Tasse et soucoupe à café cobœa.
Tasse et soucoupe gobelet n° 13.
Tasse et soucoupe à bandeau.
Tasse et soucoupe litron, Fragonard.
Tasse et soucoupe mince, ancienne.
Cuvette de 40 centimètres.
Pot à eau Bursaire, 1re grandeur.

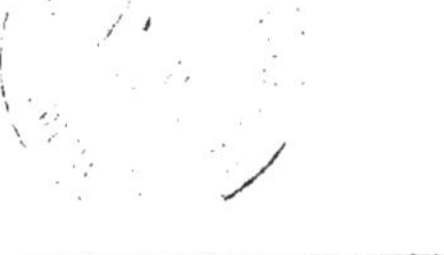

Imprimerie Nationale. — Mai 1875.

www.ingramcontent.com/pod-product-compliance
Ingram Content Group UK Ltd.
Pitfield, Milton Keynes, MK11 3LW, UK
UKHW021147220726
13924UKWH00003B/1046

9 782019 220365